HASAN HASANOVIĆ

SREBRENICA. KEIN VERGESSEN. KEIN VERGEBEN

Der Bericht eines Überlebenden

Aus dem Bosnischen

von Sejfuddin Dizdarević

Autor: Hasan Hasanović

Umschlaggestaltung: Fadime Kranz

Lektorat: Özlem Lemlili

Übersetzung: Sejfuddin Dizdarević

Bibliografische Information der Deutschen Nationalbibliothek: Die Deutsche Nationalbibliothek verzeichnet diese Publikation in der Deutschen Nationalbibliografie; detaillierte bibliografische Daten sind im Internet über dnb.dnb.de abrufbar.

Herstellung und Verlag: BoD – Books on Demand, Norderstedt

ISBN: 9783754311059

Inhalt

Vorwort des Autors zur deutschen Ausgabe

Ich habe einen zeitlichen Abstand von 25 Jahren gebraucht, um meine Erlebnisse von 1991 bis 1995 niederzuschreiben. Es war nicht einfach, denn durch das Schreiben erlebte ich das Verdrängte erneut. Der Schmerz kam zurück, und die schrecklichen Erinnerungen bahnten sich ihren Weg. Das Buch habe ich geschrieben, damit das größte Verbrechen seit dem Zweiten Weltkrieg auf europäischem Boden nicht in Vergessenheit gerät. Ich schrieb es um den Willen derjenigen, die den Völkermord von Juli 1995 nicht überlebt hatten. Es gibt keine Familie in Srebrenica, die nicht mindestens ein männliches Familienmitglied im Genozid verloren hat. Durch mein Buch sollen die Toten nicht vergessen werden.

Ich wusste nicht auf welche Resonanz das Buch stoßen würde. Es ist das natürliche Bedürfnis der Menschen, nach vorne schauen zu wollen, das Unangenehme auszublenden und nicht daran erinnert zu werden, so dass ich keine großen Erwartungen an das Buch hegte.

Jedoch wurde es wohlwollend von der Leserschaft aufgenommen und in der bosnischen Öffentlichkeit breit rezipiert. Offenbar besteht immer noch das Bedürfnis nach den

Berichten aus erster Hand, was damals in Srebrenica passiert war. Inzwischen wird die zweite Auflage der Originalausgabe verlegt.

Das war für mich bereits eine positive Überraschung. Umso erfreuter war ich, als man mich kontaktierte und vorschlug, das Buch ins Deutsche zu übersetzen.

Obwohl ein langer zeitlicher Abstand zu den im Buch beschriebenen Ereignissen vorhanden ist, hat das Buch auch für Deutschland Relevanz. Seit einigen Jahren erleben wir das Erstarken des Antisemitismus, Rechtspopulismus und Islamfeindlichkeit in westlichen Gesellschaften. Die Mörder von Utoya und Christchurch berufen sich ausdrücklich auf die Balkankriege und verherrlichen die rechtskräftig verurteilten Mörder und Planer des Genozids, den ich überlebt habe. Der Christchurch-Mörder fuhr vor seinen Morden zu den Tatorten mit der einpeitschenden Musik der Tschetniks, die die Taten verübt hatten. Auf dem Video zum Musikstück sieht man den bosnisch-serbischen Soldaten Novislav Đajić, den das Bayerische Oberste Landesgericht zu 5 Jahren Haft wegen Beihilfe zum Mord an 14 Muslimen während des Krieges verurteilt hat. Das wäre keine große Notiz wert, wenn der notorische Nobelpreisträger für Literatur Peter Handke bei Đajićs Hochzeit nicht als Trauzeuge anwesend gewesen wäre, wie „die Zeit" schreibt.

Es ist unsere Aufgabe, dem Normalisieren des Genozids etwas entgegenzusetzen, indem man dagegen anschreibt, mahnt und erinnert.

Das sollte man nicht nur zum Gedenken der Opfer tun, sondern auch wegen der westlichen Gesellschaften, wenn man eine offene Gesellschaft bleiben will. Die Morde von Halle und Hanau – die wir in Bosnien mit Trauer und Bestürzung aufgenommen haben - sind uns allen ein mahnendes Beispiel, wohin der Hass führen kann.

Daher freut es mich außerordentlich, dass das Buch ins Deutsche übersetzt wurde und seine Wirkung im deutschsprachigen Raum entfalten kann. Ich hoffe, dass dieses Buch einen bescheidenen Beitrag dazu leisten kann und aufzeigt, dass Hass und Menschenfeindlichkeit schlimme Folgen haben können, wenn man ihnen nicht rechtzeitig etwas entgegensetzt.

Hasan Hasanović

Vorwort des Journalisten und Autors Daniel Bax

Das Massaker von Srebrenica war ein Wendepunkt. Drei Jahre herrschte in Bosnien schon Krieg, und die UNO hatte die Stadt Srebrenica seit 1993 zur Schutzzone erklärt und Blauhelm-Soldaten dorthin entsandt. Doch als im Juli 1995 serbische Einheiten dort einmarschierten, schauten die überrumpelten Blauhelm-Soldaten aus den Niederlanden tatenlos zu, wie etwa 8.000 muslimische Bosniaken, überwiegend Jungen und Männer, aus Srebrenica verschleppt und ermordet wurden. Ein niederländisches Gericht gab ihnen deshalb später eine Mitschuld an dem Völkermord.

Der internationale Strafgerichtshof für das ehemalige Jugoslawien hat die Massenexekutionen von Srebrenica als Völkermord eingestuft. Denn sie waren nicht nur das schwerste Kriegsverbrechen, das nach dem Zweiten Weltkrieg mitten in Europa begangen wurde. Die Exekutionen waren auch systematisch geplant und durchgeführt worden und hatten ein klares Ziel: die Auslöschung der bosnisch-muslimischen Existenz in dieser Region. Die geistige Saat zu diesen Untaten legten der serbische Präsident Slobodan Milošević und seine Vordenker, serbisch-nationalistische Schriftsteller aus der Serbischen Akademie der

Wissenschaften und Künste und führende Köpfe der serbisch-orthodoxen Kirche, die den Konflikt zu einem Kampf der Religionen stilisierten. Ihr Appell an christlich-orthodoxe Solidarität hallte in Russland, Bulgarien, der Ukraine und Griechenland nach, und von dort reisten nicht wenige Freiwillige in die Region, um als Freischärler auf Seiten der Republika Srpska zu kämpfen.

In Deutschland lagen die Sympathien dagegen mehrheitlich auf der Seite der muslimischen Opfer des Bosnienkriegs. Und nicht nur dort: Die New Yorker Essayistin Susan Sontag und der Pariser JetSet-Philosoph Bernard Henri Lévy machten sich mit anderen Künstlern, Journalisten und Intellektuellen für das belagerte Sarajewo stark. Die Band U2 und der Opernsänger Luciano Pavarotti widmeten der belagerten Stadt 1995 einen Song, „Miss Sarajevo". Deutschland nahm in jenen Jahren zudem mit Abstand die meisten Flüchtlinge aus Bosnien auf. Kaum jemand zeigte Verständnis für die Regierung in Belgrad oder trat gar offen als „proserbisch" auf. Eine Ausnahme war der Journalist Jürgen Elsässer, der damals in linken Nischenpublikationen wie „Junge Welt" und in „Konkret" schrieb und kompromisslos für die serbische Seite Partei ergriff. Als prominentester Fürsprecher Belgrads tat sich zudem der Schriftsteller

Peter Handke hervor, der im Spätherbst 1995 – nur wenige Monate nach den Massakern von Srebrenica – in die Region reiste und anschließend in einem gleichnamigen Buch „Gerechtigkeit für Serbien" forderte. Beide, Elsässer wie Handke, stammten aus einem latent antiamerikanischen, linken Milieu, das mit dem Ende des Kalten Kriegs seinen politischen Kompass verloren hatte. Als Jugoslawien zerfiel, schlugen sie sich auf die Seite eines rechtsextremen, völkisch-religiös verbrämten serbischen Nationalismus.

Politisch blieb der Völkermord von Srebrenica nicht folgenlos. Als Reaktion darauf erhöhten die USA den Druck auf die Kriegsparteien und zwangen sie an den Verhandlungstisch. In Dayton handelten die damaligen Präsidenten von Serbien, Kroatien und Bosnien die zukünftigen Grenzziehungen in Bosnien-Herzegowina aus. Die im Krieg mit Gewalt geschaffenen Realitäten wurden dabei weitgehend anerkannt. Die Stadt Srebrenica liegt deshalb heute in der Republika Srpska, obwohl die Mehrheit der Bevölkerung dort vor dem Krieg muslimisch-bosniakisch war.

Hatte der Westen im Bosnienkrieg noch gezögert, sich militärisch auf eine Seite zu schlagen, so änderte sich das, als der Konflikt auf das Kosovo übersprang. Im Krieg zwischen der Regierung in Belgrad und der kosovarischen UCK im März 1999 griff die NATO sogar ohne UN-Mandat ein, um „ein zweites Srebrenica" zu verhindern, wie es hieß. Es gelte, einem erneuten Genozid zuvorzukommen – so begründete die damalige rot-grüne Regierung in Deutschland, warum sich die Bundeswehr an den Angriffen der NATO auf Serbien beteiligte, die unter ihren pazifistisch gesinnten Wählern nicht unumstritten waren.

Das Eingreifen des Westens führte dazu, dass sich das Kosovo unabhängig erklärte. In Bosnien wurde der Konflikt durch den Vertrag von Dayton eingefroren, das Land ist bis heute zwischen der Föderation Bosnien-Herzegowina und der Republika Srpska geteilt. Heute wäre ein solches Eingreifen wohl nicht mehr möglich. Die USA und Russland verfolgen fast nur noch ihre eigenen nationalen Interessen, die UNO ist paralysiert. Dem Völkermord an den Rohingya in Myanmar hat die Welt deshalb ebenso tatenlos zugesehen wie dem Blutbad, dass der Diktator al-Assad in seinem Land angerichtet hat. Auch der brutale Stellvertreterkrieg im Jemen oder die Verfolgung der muslimischen Uighuren in China hatten bisher kaum Konsequenzen. Ob in der Ukraine, in der Türkei oder im Nahost-Konflikt – es herrscht das Recht des Stärkeren.

Zwar nahmen einige europäische Länder, allen voran Deutschland, im Sommer 2015 einige Millionen Flüchtlinge aus Syrien auf. Doch insgesamt ist das Klima in Europa in den vergangenen Jahren für Menschen, die aus muslimischen Ländern stammen, rauer geworden. Die Stimmung hat sich seit 9/11 und nachfolgenden Anschlägen verschärft. In vielen westlichen Ländern werden muslimische Minderheiten mit Argwohn betrachtet oder angefeindet. Verschwörungstheorien von einer muslimischen „Unterwanderung" oder gar „Umvolkung" machen die Runde – und das nicht nur am rechten Rand. Sie sickern sogar ins Bürgertum. Symptomatisch dafür war der Erfolg eines Thilo Sarrazin, der warnte, „die Türken" würden Deutschland genauso erobern, wie die Kosovaren das Kosovo erobert hätten: durch eine höhere Geburtenrate. Fast niemandem fiel auf, dass er sich damit das Narrativ serbischer Ultranationalisten zu eigen gemacht hatte. Geschichtsvergessen wird stattdessen immer wieder gefragt, ob „der Islam" überhaupt zu Europa gehöre – als habe es in Osteuropa, auf dem Balkan und am südlichen Mittelmeer nicht eine lange

Historie des Austauschs und der kulturellen Blüte gegeben. In diesem latent paranoiden und revisionistischen Klima, das von autoritären Regierungen in Osteuropa befeuert wird, droht auch der Völkermord von Srebrenica in Vergessenheit zu geraten.

Eine Resolution des UN-Sicherheitsrates, die Massaker von Srebrenica als Völkermord zu bezeichnen, scheiterte 2015 am Veto Russlands. In rechten Kreisen wird der Völkermord geleugnet oder relativiert, Politiker der FPÖ, die Lega Nord oder die Schweizer Volkspartei säen Zweifel an den historischen Tatsachen. Zugleich werden die serbischen Freischärler von einst am rechten Rand als Pioniere gefeiert. Jürgen Elsässer, der inzwischen das rechtsextreme „Compact"-Magazin herausgibt, verklärte den verurteilten Kriegsverbrecher Ratko Mladić gar zum „Kämpfer gegen die Islamisierung Europas". Und Peter Handke erhielt, allen Protesten zum Trotz, 2019 den Literaturnobelpreis überreicht. Kurz danach reiste er wieder nach Serbien und ließ sich dort von Nationalisten feiern, was in den meisten Feuilletons aber kaum mehr als eine Randnotiz war. Gegen diesen Trend zur Amnesie gilt es, die Erinnerung wachzuhalten. Dazu kann und soll dieses Buch beitragen. Denn wie der US-amerikanische Philosoph George Santayana einmal

sagte: Wer aus der Geschichte nichts lernt, ist dazu verdammt, sie zu wiederholen.

Daniel Bax

Geleitwort von Prof. Dr. Fabian Virchow

Der vorliegende Bericht von Hasan Hasanović führt direkt zurück in das letzte Jahrzehnt des 20. Jahrhunderts, als die Idee einer multiethnischen und multireligiösen Republik Jugoslawien durch nationalistischen Hass und militärische Gewalt zerstört wurde.

Das Konzept eines staatsbürgerlichen Jugoslawiens, wie es nach Ende des Zweiten Weltkrieges verfolgt wurde, ließ entsprechend der wechselvollen Geschichte Südosteuropas nationale Mehrfachidentitäten zu und gab den die Föderation bildenden Republiken weitgehende Vollmachten und Rechte. Mit der Verschärfung ökonomischer Probleme in den 1980er Jahren begannen die Führungsschichten in den Republiken verstärkt, die nationalistische Karte zu spielen. In Serbien gehörten Teile die Kirche, der Medien, des akademischen Milieus sowie des Bundes der Kommunisten Jugoslawiens zu denjenigen gesellschaftlichen Kräften, die die Erinnerung an die im Zweiten Weltkrieg gegenüber der serbischen Bevölkerung verübten Verbrechen für eine nationalistische Mobilisierung nutzten. Auch die religiöse Betätigung zielte nun darauf, Unterschiede zu erzeugen. Hatte die Religiosität der Bevölkerung in Jugoslawien nach dem Ende des Zweiten Weltkrieges zunächst abgenommen, wurde nun – auch in Kroatien – die Re-Christianisierung vorangetrieben, um die Unterschiede zu betonen.

Die Sezession von Kroatien und Slowenien als erste Etappe der Zerstörung Jugoslawiens ging mit umfassenden Renationalisierungsbestrebungen einher; zu diesen gehörte beispielsweise auch das Ziel einer vollständigen sprachlichen Trennung zwischen der serbischen, kroatischen und muslimischen Bevölkerung. Durch ‚Säuberungen' der Sprache sollten aus dem Serbokroatischen mehrere eigenständige Nationalsprachen entstehen, weil man den sprachphilosophischen Auffassungen des 18. Jahrhunderts folgte, wonach jedes Staatsvolk auch eine eigene Sprache benötige.

Bosnien-Herzegowina wurde Anfang März 1992 als eigenständiger Staat konstituiert; allerdings konnte von einem homogenen ‚Staatsvolk' keine Rede sein. Entsprechend der Volkszählung von 1991 bezeichneten sich 44% der Bevölkerung als Muslime, 31% als Serben und 17% als Kroaten. Spätestens seit Mitte 1990 waren von den verschiedenen Bevölkerungsgruppen Parallelstrukturen neben den republikanischen Strukturen aufgebaut worden, und die Verfeindungsprozesse nahmen zu. Zur Phase des folgenden offenen Krieges gehörte die Belagerung der multiethnischen Stadt Sarajevo ebenso sowie genozidale Gewalt, ethnische Vertreibungen und der gezielte Einsatz von

Vergewaltigung als Kriegswaffe, meist begangen durch – inzwischen serbisch kontrollierte – Einheiten der Jugoslawischen Volksarmee sowie nationalistische paramilitärische Gruppen. Die bosnisch-kroatische Allianz zerbrach im März 1993 aufgrund der von der kroatischen Regierung immer offener verfolgten Annexionspolitik.

Zielte der Krieg auf die Kontrolle von Territorium und die Herstellung ethnischer und religiöser Homogenität, so zeigt die Geschichte Bosnien-Herzegowinas nur zu deutlich, wie wenig eindeutig und trennscharf Kategorien wie Serbe, Kroate, Muslim oder Bosnier waren. Denn entsprechend der jeweiligen Herrschaftsverhältnisse wechselte die Bevölkerung in den Jahrhunderten pragmatisch auch Religionszugehörigkeit und Sprache. Für viele Menschen in Bosnien war über sehr lange Zeit die Dorfgemeinschaft der zentrale Bezugspunkt und nicht die qua Religion, Sprache oder Kultur konstruierte Ethnie. Man war sich der Unterschiede zwar bewusst, aber sie stellten nicht zwangsläufig Konfliktpotential dar. Über Generationen, so schildert es auch der Bericht von Hasan Hasanović, lebte man einträchtig mit- und nebeneinander.

Im Bosnien-Krieg gehörte dann als Resultat der religiös-nationalistischen Verfeindung auch die gezielte Zerstörung von Kirchen, Klöstern und insbesondere Moscheen zum

Kriegshandwerk. In Bosnien-Herzegowina wurde die tatsächliche oder angenommene Zugehörigkeit zur muslimischen Glaubensgemeinschaft zum wichtigsten Kriterium der Verfolgung. Die Gewalt gegen die bosnischen Muslime gipfelte im Juli 1995 in der Ermordung von über 8.000 Jungen und Männern in Srebrenica durch Angehörige der Armee der Republika Srpska. Ein Ziel auch dieses Massenmords war es, die ethnische Homogenität herzustellen.

Der Dayton-Vertrag beendete zwar im November 1995 die Kämpfe, hat aber den nationalistischen Parteien weitgehende Verfügungsgewalt über ‚ihre Territorien‘ gegeben. Der Prozess der Anerkennung des Unrechts und die Suche nach Gerechtigkeit ist langwierig. Schmerz, Leid und Verzweiflung über Zerstörungen, vor allem aber den Verlust an Leben in unendlich vielen Familien findet sich in den Erinnerungen wieder, die Hasan Hasanović in seinem Bericht darlegt.

Das Dayton-Abkommen hat einen zerbrechlichen Friedenszustand und ein komplexes Verwaltungssystem geschaffen, das das Land entlang ethnischer Zugehörigkeit organisiert. Entsprechend ist Bosnien-Herzegowina weiterhin weitgehend politisch gespalten. Zur Aufarbeitung des Unrechts bedarf es der vergeltenden als auch der wiederherstellenden Gerechtigkeit. Zielt erstere auf individuelle Verantwortung und Bestrafung für kriminelle Handlungen, geht es der reparativen Gerechtigkeit um die Bedürfnisse der Opfer. Diese haben ein Recht auf Wiedergutmachung und auf die Beseitigung der Ursachen und Folgen von Verletzungen in materieller und symbolischer Hinsicht. Die Verantwortung bei den Tätern liegt darin, Verantwortung für ihre Handlungen zu übernehmen, indem sie Wiedergutmachung anbieten, sich entschuldigen und sich verpflichten, entsprechende Gewalt nicht erneut auszuüben.

Ein Vergessen kann und muss es nicht geben. Ein Vergeben kennen alle große Weltreligionen.

Prof. Dr. Fabian Virchow,
Hochschule Düsseldorf

Kapitel 1

Kriegsdämmerung

Im Namen Gottes, des Allerbarmers, des Barmherzigen.
„Nun. Bei der Feder und dessen, was sie niederschreibt."
Der Koran, Kapitel al Qalam.

Ich bin kein Schriftsteller, aber ich fühle, dass es meine
Pflicht ist, das Zeugnis über den „Marsch der Rettung" ab-
zulegen. Und das, was man niederschreibt, bleibt erhalten,
und die Erinnerung ist wie das Schreiben auf dem Wasser.
Dann lasst uns beginnen…

Die Geschichte über das unvorstellbare Verbrechen und
meine persönliche Überlebensgeschichte von dieser Hölle
auf Erden fangen - wie sollte es auch anders sein - in Srebrenica an.

Srebrenica ist die Stadt, die während ihrer Geschichte einige Male den Namen geändert hat, je nachdem wer gerade
der Herrscher über die Stadt war. Diese kamen, um ihr
Reich zu vergrößern, vor allem aber kamen sie wegen der
Bodenschätze. Seit der Zeit der Römer kannte man die Stadt
unter diversen Namen wie Domavia, Argentaria, Argen-
tum, Bosnia Argentaria und schließlich Srebrenica. Es ist
wahrscheinlich, dass die Gegend schon in der vorrömi-
schen Zeit besiedelt war. Zum ersten Mal wird die Stadt im

Jahre 1352, während der Herrschaft des Stjepan II., erwähnt. Gleichzeitig mit Srebrenica werden in den gleichen Quellen die Siedlungen Gostilj und Likari erwähnt. Sie waren zwar keine großen Siedlungen, aber dort entstanden die ersten Münzprägungswerkstätten der Römer. Zu jener Zeit gab es 66 Handwerksbetriebe, die sich in der Festung befanden, die den Namen „Srebrenik" trug. Drin befand sich auch die Besatzung von 40 Soldaten, die die Festung beschützen sollten. Die wichtigsten Naturressourcen, die man um Srebrenica neben Bodenschätzen fand, waren die Wälder sowie Heil- und Trinkgewässer.

Man weiß nicht, wer genau die heilende Wirkung des Bades Guber entdeckt hatte. Wahrscheinlich waren es die Soldaten, die hierher als Eroberer kamen. Römische Soldaten mieden das Baden, aber als die Pest auftrat, nutzten sie die heilende Wirkung des schwarzen Gubers und linderten die Krankheit damit. Die Blütezeit erreichte Srebrenica, als Bosnien wirtschaftliche Beziehungen mit Dubrovnik aufnahm. Um nach Srebrenica zu gelangen, nahmen die Händler aus Dubrovnik eine zehntägige Reise auf sich, um Handel zu betreiben. Im Mittelalter gab es 1.000 dauerhafte Bewohner in Srebrenica. Neben den Händlern aus Dubrovnik siedelten sich die Händler aus Bar, Kotor, Korčula, Albanien, dem osmanischen Reich und Griechenland an.

Wegen der strategischen Bedeutung Srebrenicas gab es nie längere Perioden dauerhaften Friedens, und ihre Bewohner waren ständig fremden Heeren ausgesetzt.

Eine Phase relativer Ruhe und Sicherheit stellte sich seit dem 15. Jahrhundert ein, als die Osmanen im Jahre 1462 Bosnien einnahmen. Mit der sogenannten Urkunde *Ahdname* stellten sie die bosnischen Franziskaner unter Schutz, deren östlichste Pfarrei Srebrenica war. Das war zugleich auch Grenze zu der orthodoxen Einflusssphäre, die durch den Fluss Drina getrennt war. Während der Herrschaft der Osmanen war die Gegend um Srebrenica ruhig und sicher, jedoch stagnierte die Wirtschaft. Zu jener Zeit wurden das Abwassersystem sowie orientalische Bäder errichtet, und man fing mit dem Ausbau der unteren Stadt an, wo die Häuser bis 300 Goldstücke kosteten. Die Nachfrage nach den Metallen änderte sich, so dass die Bergwerke zum größten Teil Blei förderten. Der Silberhandel mit der Republik Dubrovnik ließ nach.

In den ersten urkundlichen Erwähnungen lebten in der Siedlung Likari zwölf Bewohner. Darüber hinaus wissen wir, dass sie aus zwei Familien bestanden und Schmiede und Silberminenarbeiter waren. Im 14. Jahrhundert wütete die Pest, die viele Leben gekostet hatte. Die Menschen flohen in die höher gelegenen Gebiete, und wie durch ein

Wunder überlebten sie die Krankheit. Aber auf ihrer Haut blieben schwarze Flecken, die besonders im Gesicht sichtbar waren. Fortan nannte man sie *Garavi*, die Verrußten. Sie waren zu allen Herrschern loyal und liebten ihr Dorf, aus dem im Laufe der Zeit eine große Siedlung mit zahlreichen Bewohnern entstand. Die Angehörigen der Familie der „Verrußten" änderten ihren Namen in Garaljević. Sie waren die ersten namentlich erwähnten Bewohner der Siedlung Likari, die sich etwa fünf Kilometer nordöstlich vom Zentrum von Srebrenica entfernt befand.

Während der jahrhundertelangen Herrschaft der Osmanen änderte sich die Struktur der Bewohner und deren Zahl wuchs.

Ende des 19. Jahrhunderts okkupierte Österreich-Ungarn Bosnien. Es kam zum raschen Ausbau der Infrastruktur, und neben dem Bergbau wurden auch andere Naturressourcen genutzt, insbesondere die Heilbäder von Guber. Es wurde zudem eine Kaserne gebaut, in der die für die öffentliche Ordnung zuständigen Soldaten beherbergt waren.

Im Ersten Weltkrieg wurden viele bosnische Soldaten aus der Gegend in die österreichisch-ungarische Armee rekrutiert und kämpften auf den Schlachtfeldern, um das Kaiserreich vor den Italienern zu verteidigen. Die meisten von ihnen kehrten nicht zurück. Das österreich-ungarische Kaiserreich zeichnete bosnische Regimente wegen ihrer Tapferkeit aus, wobei die größte Auszeichnung einem minderjährigen Bosniaken aus der Stadt Bijeljina zuteilwurde. Anstatt des Dankes schaffte Österreich-Ungarn den Nationalnamen „Bosniake" ab, zu welchem sich sowohl Muslime, Katholiken und Orthodoxe bekannt hatten. Im Krieg wurden die Bosniaken mit Auszeichnungen dekodiert, und als sie die Grenzen der Monarchie verteidigten, kehrte man ihnen den Rücken. Die Moschee im slowenischen Log pod Mangartom, die für die muslimischen Bosniaken errichtet worden war, wurde zerstört. In ihrer Umgebung lagen zahlreiche bosnische Soldaten begraben. In jedem einzelnen Grab beerdigte man bis zu vier Soldaten.

Trotzdem wuchs die Zahl der jungen und fähigen Männer. Während des Zweiten Weltkriegs wurde Srebrenica Zeuge eines grausamen Gemetzels seitens der serbischen Tschetniks. Es gab auch vereinzelt ehrenhafte Serben, die ihre muslimischen Nachbarn versteckt gehalten hatten. Dennoch schlachtete ein Großteil der Tschetniks die Muslime ab und vergewaltigte Frauen. Neben Tschetniks verübten auch die kommunistischen Partisanen Gräueltaten, über die jedoch öffentlich weder geschrieben noch erzählt werden durfte.

Zwischen dem 18. August 1941 und Oktober 1944 fanden fünf Massentötungen an der muslimischen Bevölkerung statt. Bei den Tätern handelte es sich um 300 serbische Tschetniks aus der Gegend von Vlasenica, die Jezdimir Dangić befehligte. Neben ihm kommandierte außerdem Rajko Čelonja, der mit ebenfalls 300 Tschetniks weitere Massenexekutionen an den Muslimen verübte. Dabei erhielten sie Hilfe von den italienischen Besatzern. In den ersten Tagen wurden zunächst 34 Muslime getötet, gegen Ende des Krieges fand die stärkste Tötungswelle statt, in der die Tschetniks massenweise zu den Partisanen überliefen. In kommunistischen Uniformen töteten sie über 1.000 Menschen, gefolgt vom Desinteresse des Partisanenkommandos in Titovo Užice. Obwohl die Muslime selbst viele Opfer zu beklagen hatten, retten sie im Jahr 1942 ca. 3.500 Serben vor den kroatischen Ustascha-Verbänden, die planten, die gefangenen Serben zu töten. Trotz dieser Tatsache töteten die Tschetniks mit jedem Einfall in Srebrenica wiederholt Muslime und vergewaltigten Frauen. Es war unbedeutend, dass Muslime zuvor ihre serbischen Mitbürger vor den Kroaten gerettet hatten.

Das Dorf Likari wurde dezimiert, indem alle angesehenen Muslime getötet oder ausgeraubt wurden, unter ihnen besonders Händler und Handwerker. Dennoch wuchs die

Bewohnerzahl an, und sie verdoppelte sich sogar zwischen den Jahren 1971 und 1981. Die allermeisten Bewohner waren Muslime. 1991 lebten 567 Muslime und 20 Serben in dem Dorf.

Im ganzen Kreis Srebrenica lebten insgesamt 27.500 Muslime, 8.315 Serben und 38 Kroaten.

Doch die Serben planten, gewaltsam den kompletten Landkreis einzunehmen und ihn ethnisch zu säubern. Sehr bald werden sie anfangen, diese Idee in die Tat umzusetzen, die man nur durch einen Völkermord realisieren konnte.

Neben der Arbeit im Bergwerk Sasi lebte die Bevölkerung im Dorf Likari von Landwirtschaft und Viehzucht. In jeder Familie gab es jemanden, der entweder im Bergwerk oder in den umliegenden Fabriken arbeitete, so dass man anständig leben konnte. Es handelte sich um einfache und gutmütige Bevölkerung, die niemanden etwas antun wollte und ihre Türe für jeden Fremden offenhielt. Obwohl wir vom Werk eigener Hände und in Frieden leben wollten, waren wir anderen ein Dorn im Auge.

Wir freuten uns über unsere religiösen Bräuche, den Bayram Tagen, und auch über die Feiertage unserer orthodoxen Nachbarn. Wir freuten uns, als wir eingeschult wurden und als wir in die Volksarmee eingezogen wurden. Wir freuten uns sowohl über unsere als auch die Erfolge unserer orthodoxen Nachbarn. Wir wurden jugoslawisch erzogen. Bei jedem Todestag des ehemaligen Präsidenten Tito stand ich stramm und still, als die Warnsirene zu diesem Anlass ertönte. Ich stand still, weil ich Angst hatte, dass man mich sehen würde, wie ich die Sirene missachten könnte, aber auch darum, weil es mir so beigebracht wurde, denn es handelte sich um unseren Präsidenten. Als ich eingeschult wurde, habe ich den Pionier-Eid geschworen und bekam das obligatorische Halstuch und die Pioniermütze. Während meiner Schulzeit machte ich keinen Unterschied zwischen Serben, Kroaten oder anderen Ethnien. Wir waren zu allen freundlich, während ihre Anführer bereits Pläne schmiedeten, die wir uns im Traum nicht einmal hätten ausdenken können, noch hätten wir erahnen können, was uns unsere Freunde und Parteigenossen bereithielten.

Am 12.06.1991 beendete ich meine Sekundarschule und nahm an der Feier teil, die mir zu Ehren abgehalten wurde, weil ich nun in die jugoslawische Volksarmee eingezogen wurde.

Damals war es eine Ehre, der Volksarmee zu dienen, die leider mit Anfang der 90er zu einer Armee des serbischen Volkes mutierte. Der Wandel zur serbischen Armee geschah unter dem Vorwand der Erhaltung Jugoslawiens und

Verhinderung der staatlichen Unabhängigkeit der Teilrepubliken, obwohl ihnen die jugoslawische Verfassung diese Unabhängigkeit zubilligte.

Meinen Armeedienst leistete ich in einer Elite-Einheit ab. Als Soldat war ich für die Unversehrtheit von Titos Grab zuständig und war in der Kaserne „Avala" nahe Belgrad stationiert. Dort war ich bis zum 28. November 1991, als der General Veljko Kadijević den Befehl erteilte, dass alle Einheiten nach Kroatien in die Stadt Vukovar verlegt werden sollten. Kadijević ordnete an, dass wir das serbische Volk verteidigen sollten, das von den kroatischen Aggressoren angegriffen wurde. Er sagte diese Worte voller Stolz. Mit geballter Faust salutierte er vor uns.

Von unseren Soldatenmützen wurden Hammer und Sichel entfernt, und zum ersten Mal fing ich an, die Unterschiede zwischen den Menschen wahrzunehmen. Unsere regulären Armee-Einheiten wurden durch Freiwilligenverbände und Reservisten aufgestockt, die sich eines Soldaten unwürdig benommen haben. Sie waren alkoholisiert, schmutzig, mit ungepflegter Erscheinung, als ob sie aus dem Urwald entsprungen waren.

Für die jungen Soldaten, die aus allen Teilen Jugoslawiens stammten, wurde die jugoslawische Volksarmee grausam. Als Militärpolizist hatte ich das Glück, meinen Dienst

an einem Kontrollpunkt zu verrichten, ohne in die Kampf-
handlungen verwickelt zu werden. Die meisten Kämpfer
stammten aus den Reservistenverbänden oder waren Freiwillige.

Trotzdem wurde ich einmal am linken Bein verwundet
und daraufhin für die medizinische Versorgung nach Belgrad abtransportiert. Nachdem die Stadt Vukovar von der
jugoslawischen Volksarmee eingenommen wurde und
nach dem Massaker, das sie an der kroatischen Bevölkerung
verübt hatten, bekräftigte mein Kommandeur Dragoslav
Kapor im Belgrader Fernsehen, dass sich so etwas in Bosnien nicht erneut wiederholen werde, sondern wir alles in
einem Monat zerquetschen würden.

Am 28.11.1991 desertierte ich aus der Armee. Vier Tage
davor drohte der Oberst Mile Mrkšić öffentlich, dass er den
General Kadijević abschlachten werde, sollte er ihn antref-
fen. Es wurde klar, dass die Armee privatisiert wurde und
dass nun jeder nach Belieben agieren konnte. Ich konnte
nicht länger in der Armee bleiben, die für die Zerstörungen
in Kroatien verantwortlich war und die sich auf die Seite
eines Volkes und einer Republik geschlagen hatte. Zudem
verkündete die Armeeführung öffentlich, dass sie den
Krieg und das Töten nach Bosnien tragen wollten. Die Be-

völkerung in Belgrad sicherte dieser Armee massive Unterstützung zu und trat freiwillig der Armee bei, die später den Völkermord in Bosnien verüben sollten.

Ich desertierte als letzter Muslim aus meiner Einheit. In ihr befand sich auch Eniz Hasanović, ein bosnischer Muslim aus dem Nachbardorf Skelani, der verstarb, als er auf eine Mine im Dorf Negoslavci bei Vukovar getreten war. Die Zerstörung Vukovars und der Nachbarortschaften ließen mir keine Ruhe. Obwohl ich jung war, konnte ich zwischen Gut und Böse unterscheiden und wusste, dass ich dieses Böse verlassen musste. Nachdem ich desertiert war, versteckte ich mich vor der Militärpolizei, die auf der Suche nach Leuten wie mir war. Die Nichtserben, die in der Volksarmee geblieben waren, wurden nach abgeschlossenen Kämpfen liquidiert. So erging es meinem Nachbar Mirzet Garaljević. Da er nicht aus der Armee flüchten konnte, blieb er. Weder kehrte er zurück, noch wurden seine sterblichen Überreste bislang gefunden.

Im Frühjahr 1992 war ich frei, und meine Heimat Bosnien und Herzegowina wurde unabhängig. Ihre Bewohner stimmten beim Referendum am 1. März für die Unabhängigkeit.

Trotz aller Ereignisse hofften wir auf den Frieden, denn im Referendum wurden die Bürger gefragt: „Stimmen Sie

dem souveränen und unabhängigen Bosnien und Herzegowina, der Heimstatt aller gleichberechtigter Bürger Bosniens und Herzegowinas, der Muslime, der Serben, der Kroaten und anderer Völker, die in ihr leben, zu?"

Das Leben verlief normal, und man lebte frei, bis es zu
Boykottaufrufen durch die Serben kam, die als Vorwand für
den Krieg genommen wurden. Und dass obwohl die jugoslawische Verfassung den Teilrepubliken das Recht zuge-
stand, sich aus dem nach dem Zweiten Weltkrieg formier-
ten jugoslawischen Staatenbund zu lösen.

Anfang April 1992 herrschte eine märchenhafte Stimmung. Teils wegen des Frühlings, teils wegen des baldigen
Bayrams. Jeder neue Tag war besonderes. Die Menschen bereiteten sich auf Bayram vor und gingen den Feldarbeiten
nach.

Wir konnten nicht ahnen, dass dieser Bayram in meinem
Heimatdorf Likari anstatt Freude den blutigen Feldzug der
Tschetniks bringen würde. Begangen von den Menschen,
die bis gestern noch unsere Nachbarn und Freunde waren.
Diese Freundschaft war nur vorgetäuscht, aber wegen der
jahrelangen kommunistischen Propaganda über „Brüderlichkeit und Einheit" glaubten wir Bosniaken an sie. Bereits
in der ersten Klasse der Grundschule mussten alle Schüler

einen Eid auf Tito ablegen, dass sie fleißig sein, Ältere achten, gute Schüler sein, sich für die Brüderlichkeit und Einheit einsetzen und sie diese Werte wie „den Augenapfel" hüten würden.

Am 4. April, dem ersten Tag von Bayram, fielen die Tschetniks in die Stadt Bijeljina ein und begannen mit der ethnischen Säuberung der Stadt. Dies passierte fast völlig unbemerkt von der Öffentlichkeit. Sie töteten zahlreiche Nichtserben, und eine große Anzahl an Menschen brachten sie in die vorbereiteten KZ's. Bereits am nächsten Tag gingen sie den Fluss Drina aufwärts, um das gleiche Szenario in der Stadt Zvornik zu wiederholen. Bei diesen Freischärlern handelte es sich um unsere Nachbarn, unsere langjährigen Freunde, Trauzeugen, Menschen, mit denen wir uns verbrüdert hatten, aber auch um Tschetniks aus dem benachbarten Serbien, die durch die jugoslawische Volksarmee bewaffnet wurden. Diese Armee galt als viertstärkste Armee in Europa. Sie änderte über Nacht ihren Kurs, und auf Befehl des serbischen Präsidenten Slobodan Milošević bewaffnete sie die lokale serbische Bevölkerung, um sie für den Krieg und die ethnische Säuberung Bosniens vorzubereiten.

Mit wenig Waffen leisteten Bosniaken dennoch Widerstand in Zvornik. Ihre Ausrüstung bestand lediglich aus

Jagdgewehren und war teilweise improvisiert. Sie fertigten Waffen aus Metallröhren, um auf diese Weise ihre Stadt zu verteidigen.

Während die Tschetniks die Stadt Zvornik ethnisch gesäubert hatten und kampflos in Bratunac und Srebrenica einmarschiert waren, dauerten die Kämpfe in den Randbezirken von Zvornik noch an. Sowohl in Zvornik als auch in Bratunac und Srebrenica hatten die Tschetniks die bosniakische Bevölkerung mit der Ausrede nur illegale Waffen einsammeln zu wollen entwaffnet. Sie verbreiteten Angst und Schrecken, töteten Intellektuelle und angesehene Leute und brandschatzten den Besitz der Nichtserben. Am 6. April 1992, am dritten Tag von Bayram, kam es zu der ersten Schießerei im Umland von Srebrenica. Aus den serbischen Dörfern Obadi und Zalazije wurde auf mein Dorf Likari geschossen. Die Bevölkerung geriet in Panik und floh in die Wälder, teilweise in Richtung des Berges Zanik und teilweise in Richtung Potočari.

Kapitel 2
Der Krieg bricht aus

Das war die Ankündigung für den Krieg in dem Dorf, in dem ich geboren und aufgewachsen bin. Und in dem ich mit meinem Vater Sejfo, meiner Mutter Nezira, meiner Schwester Asmira, meinen Brüdern Hasib und Hajro lebte. Meine Schwester Refija war verheiratet und lebte im Dorf Hrančči bei Bratunac.

Eine ruhige und milde Nacht brach an, und wegen der Ereignisse in Bijeljina und Zvornik schwebte die Angst in der Luft. Wir ahnten, dass wir nun an der Reihe seien würden, denn es kursierten bereits Berichte über die Verbrechen, die unweit von den lokalen Tschetniks, Freischärlern und der jugoslawischen Volksarmee verübt worden waren. Die Angst war groß, denn die Städte weiter Drina aufwärts wurden von ihnen bereits eingenommen. Plötzlich tauchten in Bratunac und Srebrenica unbekannte Männer in Tarnanzügen auf. Ausgerechnet an den Tagen von Bayram. Es wurde noch schlimmer. Am nächsten Tag um die Zeit des Mittagsgebets überflogen die Hubschrauber der jugoslawischen Volksarmee im Tiefflug mein Dorf Likari und flogen Richtung Milići südwestlich meines Dorfs. Es handelte sich um sechs Hubschrauber, die aus der serbischen Stadt

Ljubovija kamen. In den Hubschraubern befanden sich Waffen für die serbische Bevölkerung des Dorfs Kravica, womit die bosnischen Serben zusätzlich ausgerüstet werden sollten. Auf diese Weise wurden die letzten Vorbereitungen für den Feldzug gegen die Bosniaken getroffen.

Der Tag neigte sich dem Ende, und die Stimmung wurde immer beklemmender. Ich erinnere mich noch, wie meine Mutter ihre Arbeit mit dem Vieh beendete, in den Hof kam und sich auf die Veranda setze. Mit einer müden Stimme sagte sie meinem Vater: „Die Kuh und die Schafe sind satt. Jetzt werden wir zu Abend essen und mit Allahs Hilfe geht dieser Tag zu Ende."

Die Sonne ging langsam hinter dem Berg Udrč unter, und die Nacht umhüllte die Landschaft. Plötzlich tauchte mein Freund Nevres auf. Er tat dies öfter, nachdem die Tagesaufgaben erledigt waren. Wir, die Dorfbewohner, pflegten enge Beziehungen untereinander. Ich setzte mich mit meinen Brüdern und Nevres an den Tisch. Wir redeten leise, denn mein Vater wollte die Nachrichten im Fernsehen schauen. Mein Vater Sejfo ermahnte uns leiser zu reden, damit er die Fernsehberichte des Belgrader Senders verfolgen konnte. Darin wurden mit keinem Wort die Ermordungen der Muslime in Bijeljina und Zvornik erwähnt, stattdessen wurde aber darüber berichtet, wie man die Krieg planenden

Muslime entwaffnen werde. Im Anschluss an die Nachrichten sendete der Sender bizarrerweise Programm, das sie für die muslimischen Bayram-Feiertage passend erachteten. Man sah halbnackte serbische Turbofolk-Sängerinnen. Kurz danach hörte man – mit kurzen Unterbrechungen – ein Maschinengewehr aus der Gegend von Površ. Die Menschen gerieten in Panik. Meine Mutter umarmte uns und flehte mit hoher Stimme: „Lauft weg, Kinder!" Ich stand auf, schaltete die Lichter im gesamten Haus aus und erwiderte mit ruhiger Stimme, dass wir entweder ins Nachbardorf Pećišta oder Gostilj   – ohne Aufmerksamkeit auf uns zu ziehen – fliehen sollten. Von Zeit zu Zeit hörte man Schüsse, und wir hörten das Zischen der Kugeln, die über unser Haus flogen. Nevres stand hastig auf und machte sich auf den Weg nach Hause, um seiner Familie bei der Flucht zu helfen. Ich folgte ihm, denn ich hatte ein mulmiges Gefühl bei dem Gedanken, dass er allein in Richtung Površ ging. Sein Haus befand sich 500 Meter von meinem entfernt und war nicht durch natürliche Erhebungen geschützt. Als Rekruten und spätere Deserteure der jugoslawischen Volksarmee hatten wir beide den Krieg an eigener Haut erfahren und wussten, was Schießereien bedeuteten. Wir erreichten schnell Nevres' Haus und halfen seinen Familienangehörigen, das Nötigste zusammenzupacken und sich

Richtung Wald zu begeben. Wir kehrten zu meinem Haus zurück, wo sich das halbe Dorf inzwischen versammelt hatte. Wir beruhigten die Menschen und wiesen sie auf den sichersten Weg Richtung Wald hin. Wir hatten keine Zeit, Abschied zu nehmen. Im Dorf blieben die Männer, die meinten trotz schlechter Bewaffnung, Widerstand leisten zu können. Hamdija hatte eine Pistole der Marke „Zastava M57", und Izet hatte ein Jagdgewehr. Das ist alles, was wir - zwanzig Männer - an Waffen zu Verfügung hatten. Hamdija war ein ruhiger und besonnener Mensch. Er war der Älteste und der Bestausgebildetste unter uns, und man akzeptierten seine Vorschläge, die er für unsere Verteidigung anbrachte. Nevres und ich aber missbilligten seinen Plan, obwohl wir unter den jüngsten der Gruppe waren. Ich war 19, Nevres war 20 Jahre alt, aber wir hatten die Erfahrung des Krieges in Kroatien und wussten, welche Taktik die serbischen Angreifer anwenden könnten. Trotzdem akzeptierten wir Hamdijas Vorschlag, und schnellen Schritts liefen wir in Richtung des Hügels Glavica. Der Beschuss aus Površ war nicht mehr so stark, aber trotzdem fielen noch immer Schüsse. Dichtaneinander gelegen erkannte ich den Laut aus einem Maschinengewehr M53 und aus einer halbautomatischen Waffe. Ich sah das Aufleuchten aus dem Waffenlauf und meinte, wir sollten gar nicht schießen. Wir sahen, aus welcher Richtung die Schüsse kamen, dennoch verfiel niemand in Panik oder lief weg. Unerwartet schoss Hamdija drei-vier Mal in die Luft. Izet folgte mit zwei Schüssen aus dem Jagdgewehr, und wir liefen alle Richtung meines Hauses und dann weiter ins Dorf. Nach diesen Schüssen erfolgten Salven aus mehreren Gewehren. Zum Glück wurde niemand von uns getroffen. Wir sammelten uns unter dem Dorf und beschlossen, Richtung Gostilj zu laufen. In Ban brdo sahen wir verängstigte junge Männer, die zwei Jagdgewehre bei sich hatten. Zusammen mit ihnen (und ihrer bescheidenen Ausrüstung) kehrten wir in unser Dorf Likari zurück, um nachzusehen, ob sich etwas getan hatte. Bei jedem neuen Schuss senkten wir unsere Köpfe. In der dunklen Nacht machte sich die Angst breit.

Die Schüsse hörten auf. Wir beschlossen, nicht alle ins Dorf zurückzugehen, sondern eine kleine Späheinheit von zehn Männern dahin zu schicken, um nachzusehen, ob sich noch jemand im Dorf befand. Im Dorf herrschte gespenstische Stille. Nur das Gebell der Hunde und das Gebrüll des Viehs unterbrach die Ruhe. Plötzlich sahen wir eine Gruppe von Menschen. Jemand aus unserer Gruppe fragte sie: „Seid ihr aus Potočari?" Sie bejahten und fragten uns, wer wir seien. Wir kamen aufeinander zu.

Unter ihnen befanden sich zwei Reservepolizisten, die automatische Gewehre hatten und einer besaß zusätzlich eine Pistole. Wir machten uns auf den Weg, und bei Predoli warf einer von uns – es war Juso – zwei Bomben, und die Reservepolizisten schossen daraufhin ziellos in die Luft. Darauf antwortete niemand von der Gegenseite. Wir nahmen an, dass diejenigen, die auf unser Dorf geschossen hatten, weggelaufen waren und sich nicht trauen würden wieder zurück zu kommen.

Wir blieben im Dorf und vereinbarten, eine Dorfwache einzurichten. Mit einem Jagdgewehr und einer Pistole wartend kam die ziemlich kalte Nacht.

Unmittelbar als die Sonne über unserem Dorf schien, kamen die restlichen Dorfbewohner aus dem Wald zurück. Wir empfingen sie mit gedämpfter Freude. Jeder kehrte in sein Haus zurück.

Das Frühstück war nicht fröhlich-ausgelassen wie sonst, wo meine Eltern Witze rissen, und wir uns alle amüsierten. Das Frühstück war weit von einem Bayram-Mahl entfernt. Trotz dieser eigenartigen Stimmung verlief der Tag wie jeder andere auch. Allerdings ging mein Vater nicht in das Bergwerk zur Arbeit, noch gingen meine Brüder in die Schule. Alle blieben im Dorf. Das Leben verlangsamte sich, und ich ahnte, dass damit bald Schluss sein könnte, denn das gleiche Szenario sah ich auch in Kroatien.

Alle Läden blieben geschlossen, selbst das Postamt in Potočari. Dorthin begaben sich serbische Nachbarn, die wahrscheinlich gestern auf das Dorf geschossen hatten. Srećko und Rado, zwei Bewohner des Dorfes Obadi, wollten angeblich zum Postamt, um ihre Renten abzuholen, obwohl sie wussten, dass das Postamt geschlossen war. Srećko war ein alter Mann, den die Kommunisten nach dem Zweiten Weltkrieg begnadigt hatten, weil er in den Tschetnik-Verbänden gekämpft hatte. Mitten im Krieg war er zu den Partisanen übergelaufen, bekam die Kriegsrente und galt als Kämpfer gegen die Nazis. Nach dem Zusammenbruch des Kommunismus in Jugoslawien prahlte er mit den Verdienstorden, die er als Tschetnik erhalten hatte. Einer der Nachbarn fragte Srećko, warum sie gestern auf uns geschossen hätten.

Dieser antwortete: „Wer schoss auf euch? Wovon redet ihr? Wir haben keine Ahnung." Srećko und Rado gingen dann weiter ihren Weg. Als sie erfuhren, dass die Post geschlossen war, kamen sie wieder zurück. Sie wollten gar nicht zur Post, sondern kamen nur ins Dorf, um in Erfahrung zu bringen, wie die Lage dort war und ob wir bewaffnet waren. Beide verfügten über Kriegserfahrungen als begnadigte Tschetniks des Zweiten Weltkriegs, die dann das Kriegsende in der Partisanenuniform erlebten. Als solche stolzierten sie und bekamen Kriegsrenten von der neuen kommunistischen Regierung.

Sie blieben auf dem zentralen Dorfplatz stehen, wo sich einige Dorfbewohner aufhielten. Obwohl Srećko wegen seines hohen Alters gebückt ging, sagte er arrogant: „Euch wird es nicht gut ergehen! Ihr haltet euch für stark, werft mit Böllern und schießt aus Jagdgewehren. Ihr denkt, euch können die 5.000 grünen Baretts helfen, die ihr in den Wäldern versteckt?" Wir waren verdutzt über so viel Dreistigkeit und Hass. Es gab keine muslimische Kampfeinheit und auch keine grünen Baretts, aber damit verdeutlichten sie, welche Propagandatricks sie benutzten, um an ihr Ziel zu gelangen. Wir konnten nur auf Gottes Hilfe zählen.

Während wir regungslos auf sie starrten, entgegnete jemand: „Ihr seid bloß Spione. Geht nach Hause, wir wollen keinen Krieg." Die beiden kehrten uns den Rücken und setzten sich in Bewegung, ohne zu grüßen. Sie trugen alte Bauernhosen, handgehäkelte und fast zerschlissene Pullover. Mit sichtbarem Zorn entfernten sie sich in Richtung des Dorfes Obadi. Bis vor kurzem tranken wir noch in diesem Dorf gemeinsam Kaffee und umarmten uns brüderlich. Die

Brüderlichkeit, die uns Tito aufzwang! Während des Kommunismus kamen diese „Brüder" in unser Dorf, teilten mit uns Freud und Leid, bis die Bewaffnung der Serben im Namen der groß-serbischen Ideologie abgeschlossen wurde. Es sah nicht gut aus. Was sollten wir tun?

Wir beschlossen, weiterhin Dorfwachen aufzustellen, obwohl wir schlecht bewaffnet waren. Die Dorfbewohner sollten mit dem Anbruch der Dunkelheit in die Wälder zurückflüchten. Keiner wurde zum Anführer bestimmt, aber man respektierte das Wort und die Meinung der Älteren. Obwohl wir über keine militärische Ausbildung verfügten, mussten wir uns organisieren, um das Dorf zu verteidigen. Unsere Aufgabe war es, im Falle der Beobachtung einer Gefahr die Menschen im Wald zu benachrichtigen, um noch tiefer in die Wälder zu flüchten. Einen nennenswerten Widerstand konnten wir nicht leisten.

So war es in jener Nacht. Alle Bewohner hatten das Dorf verlassen und versteckten sich in Gruppen von mehreren Personen in den Wäldern unterhalb des Dorfes. Die Tiere im Dorf und das Vieh in den Ställen machten laute Geräusche. Sie ahnten, dass etwas passieren würde. Das Einzige, was man sehen konnte, war das Lagefeuer, dessen Flamme den Waldrand nahe Površ beleuchtete, von wo aus man uns beschossen hatte. So ging die Nacht zu Ende. Eine kalte, feuchte und seltsame Nacht. Die Stille der Nacht wurde durch das Blöken der Tiere und Bellen der Hunde unterbrochen. Diese trügerische Ruhe währte zwei oder drei Tage, bevor die Gemeindeverantwortlichen uns aufsuchten. Allen voran der Gemeindevorsteher Ibran Mustafić, der die Gespräche zwischen Serben und Muslimen ankündigte. Die Verhandlungen hatten begonnen. Es handelte sich vielmehr um Gespräche, die ausgerechnet in Površ stattfanden, von wo man uns in jener Bayram-Nacht beschossen hatte.

Zahlreiche beunruhigte Muslime, die auf Frieden hofften, kamen zur Wiese. Wir warteten sehr lange auf die Serben. Sie kamen und nahmen eine arrogante Haltung ein. Ihnen standen Nego und Petko Jevtić von Karadžićs Serbenpartei SDS aus Srebrenica vor. Verwundert beobachteten wir, wie geschlossen nun in den Reihen der serbischen Delegation Menschen standen, die untereinander seit Jahren Familienfehden austrugen. So auch Dušan und die Söhne von Đorđe, die sich bereits seit den 80ern bekriegten, weil Đorđes Söhne Dušans Sohn Dejan getötet hatten, als dieser auf den Bus am Bahnhof von Bratunac gewartet haben soll.

Die Gespräche nahmen ihren Lauf. Genauer gesagt waren das eher Einzelgespräche, als Nego nach einigen Minuten mit erhobener Stimme, so dass ihn jeder hören konnte, sprach:

„Goran Zekić, der Präsident des lokalen Ablegers der SDS, schickt mich hierhin. Wir schlagen vor, gemeinsame Patrouillen einzurichten. Denn jemand möchte uns angreifen, und wir wissen nicht, wer es ist. Ich schlage daher vor, dass jede Patrouille jeweils aus zwei bewaffneten Serben und einem unbewaffneten Muslim bestehen sollte. Ihr habt ohnehin keine Waffen, außer zwei improvisierten Gewehren, die unbrauchbar sind. Ich schlage vor, dass wir jetzt die Namen der Wachleute festlegen. Wir Serben würden die Wachposten beziehen, und ihr kommt bei Sonnenuntergang allein dazu. Es können auch jüngere Männer sein, das spielt für uns keine Rolle. Wenn ihr dafür seid, können wir nun die Wachposten bestimmen. Ihr könnt die zwei Serben auswählen, mit denen ihr den Wachdienst schieben wollt." Während er sprach, kam Srećko, der ältere Serbe, mit dem Maschinengewehr M53. Er kam mit seinen Soldaten aus der Richtung, von wo aus auf uns geschossen wurde.

Was uns aufgetischt wurde, waren Märchen für kleine Kinder, die keinen Sinn ergaben. Uns wurde aber schnell klar, was sie gegen uns im Schilde führten. Für uns Bewohner von Likari bedeutete dies, dass wir uns nicht nur unsere Mörder aussuchen, sondern auch noch den Platz, wo wir getötet werden sollten. Samed brachte Nego mit folgender Frage aus dem Takt: „Wer will uns angreifen, so dass wir Wachen aufstellen müssen? Und wie kommst du auf die Idee, dass ihr bewaffnet und wir unbewaffnet diese Wache ableisten sollen? Vor wem sollen wir uns verteidigen, Nego?"

„Ich weiß nicht vor wem. Ich weiß nur, dass jemand uns alle angreifen möchte", antwortete Nego etwas verwirrt.

„Nego, es ist bekannt, wer Krieg in Bijeljina und Zvornik führt und wer dabei wen tötet. Bereitet ihr dasselbe für uns vor? Und warum steht Srećko schwer bewaffnet gemeinsam mit unbekannten Männern?", fragte Samed.

„Wo hast du Srećko und die Waffen gesehen? Das da ist nichts. Es ist besser, ihr nehmt unsere Forderungen an. Ansonsten brauche ich nur einmal mit den Fingern zu schnipsen, und 30.000 Soldaten aus Serbien werden im Nu hier sein. Dann gnade euch Gott", sagte Negos Bruder Petko mit drohender und dreister Stimme.

„Also, ihr wollt uns angreifen. Warum? Können wir nicht leben, so wie bisher?" fragte Samed.

Nego entgegnete nur: „Euch wird es nicht geben, wenn ihr es ablehnt Serben zu sein und nicht mit uns zusammen wollt. Das hier wird alles Serbien werden. Wir warten schon sehr lange auf diese Gelegenheit. Wie ihr wollt. Wir gehen jetzt. Und euch und eure grünen Baretts werden wir vernichten. Das hier ist serbisches Land."

So machte Nego Jevtić uns unmissverständlich klar, dass sie uns weder als Nachbarn noch als Bewohner Bosniens, welches sie schon lange für sich beanspruchten, wollten. Diese Rede öffnete meine Augen und verdeutlichte mir das Ausmaß der Verblendung der jüngeren Bosniaken-Generationen. Wir waren überzeugt von der Parole der „Brüderlichkeit und Einheit", die uns Josip Broz Tito und seine Kommunisten als heilig unterjubelten. Während die Kommunisten unseren Vorfahren das Agrarland weggenommen hatten, liefen wir dennoch begeistert bei den Aufmärschen zu Titos Ehren. Wir nahmen an, dass es die Kommunisten waren, die uns erst 1974 das Recht einräumten, sich nicht mehr als „Kroaten" oder „Serben" bezeichnen zu müssen. Dabei löste die neugeschaffene und künstliche ethnische Bezeichnung „Muslime" keine der Probleme im Sinne der bosnischen Muslime.

Die trügerische Ruhe, die in den warmen Apriltagen und kalten Nächten vorherrschte, war nicht von langer Dauer. Man spürte die elterliche Besorgnis, und man konnte sie auch an ihren Gesichtern ablesen. Diese Sorgen ließen es nicht zu, dass man den weiteren Tagesablauf normal plante und den Feldarbeiten nachging, die man sonst im Frühling zu erledigen pflegte. Man wusste nicht, was die nächste Stunde bringen könnte. Die schlechten Nachrichten verbreiteten sich schnell, besonders in den Abendnachrichten, die mein Vater mit großer Aufmerksamkeit verfolgte. Es gab kein geregeltes Fernsehprogramm, sondern man sendete stattdessen Filme und Unterhaltungssendungen, die die Jugend gerne schaute. Daneben liefen auch vermehrt Sportsendungen, damit bloß nicht über die Verbrechen im Drinatal berichtet werden musste. Mit Goebbels Methoden hatten die damaligen Medien erfolgreich die Nachrichten über zahlreiche tote Bosniaken unterdrückt. Višegrad stand in Flammen, und das Unheil umhüllte die schöne Stadt. Wir hörten in Nachrichten, wie Murat Šabanović angeblich den Staudamm in die Luft jagen wollte, um so das Töten zu beenden. Das aufgestaute Wasser sollte dann flussabwärts Schäden anrichten. Srebrenica wurde ausgeklammert, und die Nachbargemeinde Bratunac wurde bereits durch die Freischärler von Arkan eingenommen. Bei diesen Freischärlern handelte es sich um Militäreinheiten der serbischen Regierung, die sie mit logistischer Unterstützung in Richtung Bosnien schickten, um die Gebiete dort ethnisch zu säubern.

Obwohl zu jener Zeit jedes Dorf und jede Siedlung sich selbst überlassen war, wollte ich unser Dorf mit anderen verbinden. Für dieses Ziel machten sich mein Nachbar

Muhamed und ich am 14.04.1992 auf den Weg nach Pećišta. Dort angekommen trafen wir niemanden von den Einwohnern. Das Dorf war völlig leer. Vielleicht hielten sie sich versteckt. Jedenfalls machten sie sich nicht bemerkbar. Wir setzten unseren Weg Richtung Potočari fort, wo wieder Totenstille herrschte. Selbst das Zwitschern der Vögel klang laut und tat in den Ohren weh, als ob jemand dieses Zwitschern aus Lautsprechern abspielen würde.

Kurz vor dem Eintreffen in Potočari hörte man plötzlich das Röhren von Automotoren und Sirenenlaute. Wir standen in der Nähe der Landstraße und sahen, wie sowohl Militär- als auch Zivilfahrzeuge mit großer Geschwindigkeit Richtung Bratunac fuhren. Als die Autos sich entfernten, kehrten die deutlich wahrnehmbaren Laute der Vögel und das Gebell der Hunde zurück. Ich hatte keine Angst, so näherte ich mich dem Laden, von wohinter ich bessere Sicht hatte. Gedanken schossen durch meinen Kopf, und ich wies Muhamed an, hinter mir zu bleiben. Wir waren beide jung und handelten unüberlegt. Ich war 19, er war 18 Jahre alt.

Der erste Blick Richtung Landstraße bestärkte mich in der Annahme, dass alle Bewohner das Dorf verlassen hatten. Ich näherte mich der Ecke, hinter welcher der Weg verlief, den ich täglich zu meiner Schule und wieder zurück genommen hatte. Zuerst sah ich die Glasscherben des

Schaufensters. Alle Fenster waren zerbrochen, und die Eingangstür war eingetreten. Diejenigen, die ich kurz zuvor Richtung Bratunac wegfahren gesehen hatte, ließen im Laden nur wenige Sachen ungeplündert zurück. Die Neugier kostete mich fast mein Leben. Ich ging in den verwüsteten Laden hinein und schaute mich um. Plötzlich kam Muhamed und sagte: „Die Fahrzeuge kommen auf uns zu. Was sollen wir tun?" Ich packte ihn an der Schulter und gab ihm ein Zeichen, still zu sein und dass er sich bücken solle. Die Autokolonne hielt vor dem Laden an. Aus den Fahrzeugen stiegen junge Männer aus. In den Tarnanzügen, betrunken und ungepflegt, sahen sie wie gewöhnliche Plünderer aus. Bei ihrem Anblick verspürte ich Angst, dass sie uns bemerken könnten und Gott weiß was mit uns anstellen würden. Ich hatte Sorge, dass Muhamed sich bemerkbar machen oder in Panik geraten könnte. Ich sprach Bittgebete aus dem Koran und betete zu Gott, dass sie weggehen sollten, ohne uns zu entdecken. Auf einmal hörte man Lärm und lautes Zerbersten der Glasscheiben aus Hajros Laden, der sich nur etwa zehn Meter von dem Gebäude entfernt befand, in dem wir uns hinter leeren Regalen versteckt hielten.

Es dauerte nur kurz, aber uns kam es wie eine Ewigkeit vor. Hundert Männer plünderten sowohl Hajros Laden als auch die Kneipe, die sich gegenüber befand. Wir sahen deutlich ihre Gesichter, während sie mit Bier- und Rakiflaschen in der Hand die Kneipe verließen. Einige von ihnen trugen rote Baretts, einige hatten sie an der Schulterklappe befestigt.

Eine laute Stimme unterbrach die Szenerie: „Jungs, seid ihr fertig? Das ist nicht unsere einzige Aufgabe heute. Beeilt euch!" „Wir sind fertig, Chef", sagte jemand noch lauter. „Autos starten! Eure Tour könnt ihr in Srebrenica fortsetzen und danach zurück nach Bratunac! Verstanden?"

Beim Einsteigen in die Autos schossen sie mehrmals auf die Kneipe und auf das Haus daneben. Vom Tod trennten uns etwa zehn Meter. Unsere Neugier hätte uns fast das Leben gekostet. Hätten sie uns bemerkt, hätten sie uns bestimmt gnadenlos exekutiert – so betrunken und hemmungslos sie gewesen waren. Die Fahrzeugkolonne fuhr Richtung Srebrenica. Man hörte immer wieder Schüsse und die Schreie dieser Wilden, die sich in der Kolonne befanden. Als das letzte Auto unser Sichtfeld verlassen hatte, sprangen wir aus dem leeren Laden und rannten schnell Richtung Pećišta, um nach Hause zu gelangen. Atemlos und so schnell wie uns unsere Beine trugen, gelangten wir ins Dorf. Der erste, den wir sahen, war Hamdija, dem wir alles, was wir gesehen hatten, berichteten. Er beäugte uns misstrauisch und fragte, ob wir dafür Beweise hätten, dass wir in

Potočari waren. Muhamed zeigte ihm eine Packung Zigaretten, die er im Laden eingesteckt hatte.

„Das kann nicht sein. Das hat dir bestimmt jemand gegeben." Während wir im Laden hockten, erblickte Muhamed die Zigaretten und beim Losrennen griff er nach ihnen. Als ich nach Hause kam, erzählte ich meiner Familie, wo ich gewesen war und was ich gesehen hatte. Sie schauten mich verwundert an. In jener Nacht brachen wir früher als sonst in den Wald auf. Sobald ich meine Eltern tief im Wald versteckt gelassen hatte, kehrte ich ins Dorf zurück, um die Nachtwache anzutreten. Immer noch waren wir nur mit einem Jagdgewehr und der Pistole bewaffnet.

Es dauerte nicht lange, und das Töten und Vertreiben begann. Zwei Tage nach den Plünderungen in Potočari kamen alle Bosniaken aus Bratunac und Podčauš, die den Verhaftungen entkommen waren, in unser Dorf. Die Geflüchteten wurden zum Dorfstadion gebracht, das als Sammelstelle diente. Unter den Ankommenden befanden sich Teile meiner entfernten Verwandtschaft wie auch meine Schulfreunde. Einige von ihnen hatten etwas Essen eingepackt und trugen Decken mit sich. Die Frauen führten die Kinder an der Hand oder trugen diejenigen, die nicht laufen konnten. Die älteren Männer und Frauen folgten ihnen. Sie wussten nicht wohin. Ich wurde unruhig und schlug meinen Eltern und Brüdern vor, das Dorf zu verlassen und sich sofort in den Wald in Richtung Pećišta aufzumachen. Meine Mutter war gerade dabei, das warme Brot aus dem Ofen einzupacken, als man Lärm hörte. Die gleichen ungepflegten und alkoholisierten Soldaten, die ich vor einigen Tagen beim Plündern in Potočari beobachtet hatte, fielen nun in unser Dorf ein und fingen an, alle gefangen zu nehmen, die sich dort befanden. Wir handelten schnell und liefen in den Wald, so dass es unter den Gefangenen keine Bewohner aus unserem Dorf gab. Die gefangenen Personen waren die Neuankömmlinge aus Bratunac und Podčauš, die sie im Anschluss Richtung serbisches Dorf Zalazije abführten. Sie wurden von allen Seiten umzingelt, damit sie nicht fliehen konnten.

Die Verbände vom Tschetnik-Anführer Arkan brachten den Tod in Bratunac und in den umliegenden Dörfern. Deswegen hatten wir keine Illusionen darüber, was mit den Gefangenen passieren wird. Unter ihnen befanden sich Menschen aller Altersgruppen, Männer, Frauen, Greise, Kinder und Säuglinge. In Srebrenica hatten sie bereits 27 angesehene Bürger getötet, darunter auch Jakub Abdurahmanović, den Direktor meiner Grundschule „Reuf Selmanagić

Crni". Ich kannte ihn gut. Sie alle wurden in der Polizeiwache von Srebrenica getötet. Einige begruben sie provisorisch in einer flachen Grube, die anderen ließen sie einfach am Tatort zurück.

Nach einigen Tagen des Versteckens im Wald kehrten wir ins Dorf zurück. In der Zwischenzeit leistete eine kleine und schlecht bewaffnete Gruppe von Männern in Potočari Widerstand. Als Vergeltung haben 300 Tschetniks mein Dorf umzingelt und nahmen alle Bewohner gefangen. Der Anführer dieser Tschetniks war mein ehemaliger Lehrer Ljubisav, der mich in der weiterführenden Schule in Bratunac in Serbokroatisch unterrichtet hatte. Unter allen Bewohnern griff er Suad und mich heraus und lehnte sich an den Zaun von Ševkos Haus.

„Wo ist dieser Omić? Ich werde euer Blut trinken. Redet!", sprach mein Lehrer Ljubisav dreist und zugleich nervös. Unordentlich und mit ungepflegtem Bart gab er eine bemitleidenswerte Gestalt ab trotz seiner inzwischen einflussreichen Position, die ihm die höher gestellten Tschetniks aus Bratunac mit Rang und Kommando übertragen hatten.

„Zünde dir eine Zigarette an, Hasan. Ich weiß, dass du rauchst. Du warst ein guter Schüler, das ist meine Belohnung für dich."

Ich stieß Gebete zu Gott, dass meine Mutter nicht in diesem Moment in meine Richtung schaute. Vor mir bauten sich Serben auf. In den Händen hatten sie Stichwaffen. Ihre Maschinengewehre zeigten auf uns. Während mir mein Lehrer die Zigarette in den Mund steckte und anzündete, ohne mir zu erlauben, meine Hände hinter dem Kopf zu senken, nahm ein gewisser Matić aus Kravica langsam das Bajonett von seinem Gewehr.

„Hasan, wir Tschetniks sind menschenfreundliche und ehrbare Männer", sprach Ljubisav, der ehemalige Kommunist zynisch, der mich früher gezwungen hatte, Titos Zitate aufzusagen und mich auf ihn schwören ließ. Ljubisav vergab schlechtere Noten an diejenigen, die ihre Mützen nicht in den Räumlichkeiten abnahmen, wo sich Titos Abbild befand. Und nun ist er ein eingebildeter, heuchlerischer Ekel, der 300 Tschetniks befehligte, die für Großserbien kämpften. Plötzlich drehte er sich zu Matić um und machte eine Handbewegung. Dieser kam dann zu uns angerannt und rammte das Bajonett in den Zaun. Ich begann das Glaubensbekenntnis aufzusagen. Wenn dies meine Todesstunde gewesen wäre, dann wäre ich wenigstens als Gläubiger gestorben.

„Ich habe einen *Balija* in Zvornik erschossen. Dich werde ich abschlachten, um diesen Genuss zu erfahren", sagte der

Tschetnik Matić zu mir. „Ich werde dich abschlachten! Und ihr alle anderen: Ab nach Hause, und keiner verlässt das Haus! Wir kommen heute Abend zurück, um euch zu töten und zu verbrennen. Habt ihr mich verstanden?"

„Los, ihr *Balijas*. Alle ab nach Hause! Alle bis auf die beiden", befahl Ljubisav noch lauter. Er drehte sich zu mir um. Während der Drehung verpasste er mir eine Ohrfeige. „Du hast es nicht besser verdient. Wer hat dir erlaubt zu rauchen? Hörst du, was ich dich frage, *Balija*?"

Mein Serbokroatisch-Lehrer fluchte nach jedem beendeten Satz über meine muslimische Mutter. Er drohte uns abzuschlachten und zu verbrennen. Er ließ den inneren Hund von den Ketten, den er jahrelang erfolgreich im Zaun hielt. Wir waren überzeugt davon, dass unsere Nachbarn uns zur Seite stehen würden. Es stellte sich allerdings später heraus, dass sie die ersten gewesen waren, die uns angriffen und unvorstellbare Verbrechen begangen hatten.

„Diesen Omić oder Osmić werde ich wie ein Opfertier schlachten", sprach mein Lehrer zornig, aber auch ängstlich zur gleichen Zeit.

„Das wird sein letzter Tag sein. Ich werde Potočari niederbrennen. Los! Vor uns! Boban, du gehst einen Schritt hinter ihnen entfernt. Sollten sie schneller werden, schießt du sofort! Hast du mich verstanden?"

Boban Zekić war der Sohn von Đuro Zekić aus Srebrenica. Der Sohn des Freundes meines Vaters hielt mich nun gefangen, ausgerüstet mit einem Maschinengewehr und zwei Panzerabwehrgranaten 64mm. Ich diente ihm als menschlicher Schutzschild für den Fall, dass sich ihnen jemand von den Bosniaken in den Weg stellen sollte. Nach etwa anderthalb Kilometern hielten wir an. Dort befahlen sie uns, in den Wald zu gehen, wo eine starke Steigung einsetzte. Mit dem Gewehr im Anschlag lief Boban Zekić hinter uns und schimpfte über unsere muslimischen Mütter und unsere Vorfahren. Und bis vor einem Monat waren wir noch eine Clique!

„Du zeigst mir jetzt, wo ihre Schützengräben sind und sagst mir, was sie an Waffen besitzen! Sonst töte ich euch beide! Hört ihr?"

Er verlangte von uns das Unmögliche, denn ich wusste doch nichts. Und selbst wenn ich etwas gewusst hätte, hätte ich es ihm nicht gesagt. Selbst wenn es mich das mein Leben gekostet hätte. Das Leben, von dem ich ohnehin annahm, dass es sich seinem Ende neigte. Mir fiel ein, dass dort die Stelle gewesen war, wo ein vom Unwetter umgestürzter Baum lag. Von diesem Baum aus bewachten die Kinder immer ihr Vieh, wenn sie es hinaufführten. Man sah an der Stelle verkohltes Holz.

„Hier haben sich diejenigen aufgehalten, nach denen ihr sucht."

Sie sahen mich an, und Boban sagte: „Feldherr, erlaube mir sie zu erschießen. Sie lügen. Runter mit euch, diesen Hügel hinab, ihr *Balijas*!"

Wir gingen los. Bis nach Potočari waren es noch einige Kilometer. Nach einigen hundert Metern befahl Ljubisav unerwartet, dass wir nach Hause zurückkehren und im Dorf seinen Befehl verkünden sollten:

„Sollte jemand sein Haus verlassen, werden wir es niederbrennen. Wir werden euch finden und alle abschlachten. Habt ihr verstanden?" Er wiederholte erneut wie menschenfreundlich er doch wäre, so dass es schon grotesk wirkte. Er machte sich über die Angst lustig, die man in unseren Augen ablesen und in der Luft spüren konnte.

Wir kehrten zurück. Uns kamen halbbetrunkene und wildgewordene Unmenschen entgegen, die wie tollwütige Tiere aussahen. Sie waren bereit jede Untat zu begehen, die man sich ausmalen konnte. Gott, dem Allmächtigen, sei Dank, der uns beide vor den Tschetniks und ihren blutigen Plänen bewahrte. Ich betete alles, was ich aus dem Koran kannte, und auch um die Eingebung, ob wir im Dorf bleiben sollten oder nicht.

Ich trug den gleichen Satz von Haus zu Haus. Aber er war das Gegenteil von dem, was mir die Tschetniks befohlen hatten, und rettete wahrscheinlich so das Leben einiger Menschen. Ich forderte die Leute nämlich dazu auf, mit dem ersten Anbruch der Dunkelheit in die Wälder zu fliehen. Und zwar so tief hinein, wie es nur möglich war. Alle Bewohner bereiteten sich auf die Flucht vor. Die Nacht schritt voran. Wir hörten in der Ferne die Stimmen der Tschetniks, die die Rache für den Hinterhalt in Potočari suchten.

Ihre Patrouille durchquerte das Dorf. Sobald sie verschwunden war, nutzten wir die Gelegenheit und flohen tief in die Wälder. Wir hinterließen das Vieh und alles andere im Dorf zurück. Meine Eltern besaßen eine Kuh und 158 Schafe. Zusammen mit ihnen blieben unser Hund und die Hühner zurück auf dem Hof. Aber das alles ist nicht ein Menschenleben wert, obwohl wir beim Verlassen um unser schönes Bergdorf trauerten. Es blieben Erinnerungen an gemeinsame Zusammenkünfte, Lieben und Freundschaften zurück. Sobald wir im Wald angekommen waren, setzte der Regen ein, der dann in Schnee überging. Es wurde noch schwieriger, als der Granatenbeschuss einsetzte und das Gefühl der Kälte verdrängte. Der Boden bebte, und die Nacht war von Detonationen durchdrungen, so als ob der

Jüngste Tag anbrechen würde. Wir duckten uns nah aneinander, ohne wirklich zu wissen, was wir tun sollten. Obwohl wir durchnässt und durchfroren waren, hatten wir die Kälte aufgrund der Angst vor dem Granatenhagel nicht gespürt. Die Tschetniks beschossen uns wahllos, als sie bemerkten, dass wir sie ausgetrickst hatten und geflohen waren, und nicht auf unseren sicheren Tod unter ihren Bajonetten gewartet hatten.

So fing der Krieg an und somit auch meine Flüchtlingsodyssee gemeinsam mit allen Bewohnern meines Dorfes Likari. Auf mich warteten noch schlimmere Dinge, die zu diesem Zeitpunkt nur Gott allein bekannt waren.

Durchgefroren versuchten einige von uns, sich Richtung Dorf zu schlagen. Aufgrund der weißen Schneedecke waren wir gut sichtbar. Samed, Nevres und ich kamen an den Waldrand und wurden sofort von den Tschetniks bemerkt, die das Feuer aus allen verfügbaren Waffen auf uns eröffneten. Und wieder schafften wir es mit Gottes Hilfe, mit dem Leben davon zu kommen. Allerdings jetzt getrennt von unseren Familien, die in Richtung Potočari und Gostilj geflohen waren. Ich schloss mich einer Gruppe wagemutiger Männer an. Von diesem Moment an fühlte sich jede Sekunde wie eine Ewigkeit an, denn ich wusste nichts über das Schicksal meiner Eltern oder meiner Brüder. Ich konnte auch niemanden fragen. Ich sorgte mich um meine Onkel und deren Familien, um meine Freunde und Nachbarn. Denn außer Avdo war niemand mit mir.

Kapitel 3

Der Widerstand formiert sich

Ich schloss mich einer schlecht bewaffneten, aber wagemutigen Einheit an. Ihr stand ein junger 25-jähriger Polizist vor. Das war Naser Orić. Wir alle setzen große Hoffnung in diesen jungen Mann, der bis vor kurzem der Leibwächter von Slobodan Milošević gewesen war. Wir zählten anfangs kaum 30 Männer. Mit jedem Tag kamen neue hinzu, die mit bloßen Händen ihr Leben und das Leben ihrer Familien verteidigen wollten. Es gab kein Zurück, die Opferzahlen unter der Zivilbevölkerung wuchsen. Zu einigen in der Gruppe hatte unser Kommandant besonderes Vertrauen. Dazu zählte auch ich, weil ich über gewisse Kriegserfahrung als Soldat (und späterer Deserteur) in Kroatien verfügte. Der Grund meiner Flucht aus der jugoslawischen Volksarmee – der vierten Streitmacht in Europa - war die Tatsache, dass diese Armee sich in den Dienst des serbischen Volkes gestellt hatte. Ihre Aufgabe war es eigentlich, alle Bürger Jugoslawiens zu schützen. Bei der ersten Gelegenheit und auch im letzten Moment kehrte ich der Armee den Rücken. Meine Einheit wurde nach Kroatien geschickt, um gegen das kroatische Volk zu kämpfen, das sich demokratisch gegen den Verbleib im jugoslawischen Staatenbund aussprach und fortan im unabhängigen Staat Kroatien leben wollten. Dass ich im buchstäblich letzten Moment geflohen war, erfuhr ich erst nach der Rückkehr nach Hause, denn meine Exekution stand bereits fest. Meine Eltern bekamen ein Telegramm aus Belgrad, in dem stand, dass ich als Soldat gefallen wäre. Als ich nach Hause zurückkehrte, fand ich dort Leute vor, die meinen Tod betrauten. Besonders für meinen Vater war dieser Moment äußerst belastend.

Naser schätze meinen Mut, den ich zusammennahm, um aus der Volksarmee zu fliehen. Im Falle meiner Aufspürung konnten die Militärpolizisten frei darüber entscheiden, was sie mit mir tun wollten. Sie hätten mich töten können, ohne dafür zur Rechenschaft gezogen zu werden. Mit der Zeit versteckte ich mich immer weniger vor der Militärpolizei. Gleichzeitig suchten sie wegen der Fahnenflucht auch immer weniger nach mir. Die Zahl der jungen vertriebenen Männer wuchs weiter, und der junge Polizist Orić fasste den Entschluss, eine Einheit aufzustellen, ungeachtet der Tatsache, dass wir fast keine Waffen besaßen. Als Muhamed sich uns anschloss, erzählte er mir, was mit meinen Eltern passiert sei, aber auch dass er über den Verbleib meiner Brüder nichts wisse. Er überbrachte ebenfalls die

Nachricht, dass unser Nachbar Efendić, der ein ausgezeichneter Tischler war, infolge seiner Wunden von Granatensplittern verstorben war. Ich merkte Muhamed an, dass er etwas von mir versteckt hielt. Ich bohrte immer wieder nach, ob er denn wisse, wo die anderen seien, ob noch jemand getötet worden sei, ob etwas meinen Brüdern Hasib und Hajro zugestoßen sei?

Am Ende hielt er es nicht mehr aus und brach in Tränen aus, obwohl um ihn herum 30 Männer standen. Es sah so aus, als ob er den Alptraum der Flucht und des Granatenbeschusses erneut durchleben würde. Er zitterte am ganzen Körper, und sein Gesicht sah merkwürdig rötlich aus. Als er sich beruhigt hatte, erzählte er, wie mein Cousin Ševal zu Tode kam. „Eine Granate schlug ziemlich weit weg von ihm ein. Er befand sich an der Eingangstür seines Hauses in Potočari. Er merkte nicht einmal, dass er getroffen wurde. Er ging in das Haus hinein und sagte seiner Mutter, dass er Durst habe und Saft trinken wolle. Er legte sich hin, sank seinen Kopf auf den Schoß seiner Mutter. Nach einigen Minuten versteifte sich sein Körper. Die tödliche Wunde an seinem jungen Körper sah aus, als ob er sich an einer Zigarette verbrannt hatte. Heute wäre sein 14. Geburtstag. Er war der ruhigste Junge, den ich kannte."

Ich war sprachlos und hatte das Gefühl, als ob mein Geist meinen Körper verlassen möchte. Ich konnte nicht glauben, was ich soeben gehört hatte. Ich riss mich zusammen und fragte, wieso sie noch in Potočari waren, wo doch jedes Haus verlassen war?

„Die Häuser sind nicht mehr verlassen. Die Menschen wissen nicht, wohin sie fliehen sollen. Wir haben keine Wahl mehr. Wir haben ihn in Pećišta auf dem Friedhof begraben."

Dieser Cousin war das erste Todesopfer aus meiner Verwandtschaft. Ein halbes Kind, der keiner Fliege etwas zuleide getan hatte! Er verließ diese Welt auf dem Schoß seiner Mutter. Für mich war er ein Paradiesbewohner.

Aber uns blieb keine Zeit für die Trauer. Wir waren gezwungen, aus dem Wald hinaus zu gehen und die Verteidigung zu organisieren. Mein Dorf war seit einigen Tagen verlassen, aber es gab immer wieder Menschen, die es auf der Suche nach Lebensmitteln aufsuchten. Am 13.05.1992 saß ich mit Amir und Avdo westlich von Likari, und wir schauten, wie die Sonne über das Dorf strahlte. Eine verhängnisvolle Stille umhüllte uns. Amir prahlte mit seiner Pistole, als ob er im Besitz einer mächtigen Waffe sei. Er sprach, als ob er ein ganzes Waffenarsenal besitze, dabei waren wir doch nur schwach und armselig bewaffnet.

„Es wird nicht einfach sein, aber wir müssen Widerstand leisten. Wir müssen kämpfen. Immerhin sind wir im Vorteil, weil wir uns verteidigen."

Auf einmal bäumte sich Avdo vor uns auf und fragte uns, ob wir den Rauch in Likari sehen würden. Amir griff nach dem Fernglas, um genauer nachzuschauen.

„Tschetniks haben das Heu angezündet, und zwei Häuser brennen."

„Sollen sie alles verbrennen. Hauptsache, wir überleben! Mit Gottes Hilfe werden wir alles neu errichten. Wichtig ist, dass wir am Leben bleiben."

Sie schauten mich nur an und sagten, dass wir sofort nach Potočari aufbrechen sollten. Sollten die Serben vor uns das Dorf erreichen, würden sie alle Bewohner töten. Sie brannten nicht nur die Häuser nieder, sondern schossen wahllos überall hin, wo sie Menschen vermuteten. Und an der Munition mangelte es ihnen nicht! Sie wurden von der jugoslawischen Volksarmee bewaffnet. Nur vereinzelt widersetzten sich Serben der Aggression im Drinatal.

Wir erreichten Potočari, aber mehr als die Bevölkerung zu warnen, konnten wir nicht tun. So gingen wir von Haus zu Haus und rieten ihnen, sie sollen sich verstecken, wo auch immer sie konnten. Kurz danach wurde das Dorf auch schon unter Granatenbeschuss genommen. Die Menschen bekamen Panik. Frauen und Kinder waren wie versteinert. Aus Angst und wegen des Lärms der Granaten hatten sogar die Säuglinge keine Kraft mehr zu weinen. Die Menschen zu warnen, war alles, was wir tun konnten. Jene Nacht verbrachten wir in Ungewissheit, ob unsere Schlächter das Dorf einnehmen würden. Meine Brüder bestanden darauf, mit mir zu kommen, weil sie Soldaten sein wollten. Ich lehnte es ab und trug ihnen auf, sie sollten zu unserer Mutter gehen und ihr die Nachricht über meinen Verbleib überbringen. Sie musste wissen, dass wir alle wohlauf waren, damit sie sich keine Sorgen mehr machen musste. Sie taten wie aufgetragen.

Die Mutigsten näherten sich dem Dorf und beobachteten, wie unsere serbischen Nachbarn aus den Dörfern Obadi und Zalazije unsere Häuser plünderten und alles mitnahmen, was von Wert war. Weder hatten sie Gewissensbisse noch fürchteten sie Gottes Strafe für ihr Tun. Ein Nachbar namens Ivko stahl meinen Fernseher und den Kassettenrekorder aus meinem Haus. Zusammen mit anderen scheuchte er das Vieh aus dem Dorf, um es in sein Dorf nach Obadi zu treiben.

Zwei Tage später, begleitet von unbeschreiblichem Lärm, Schüssen und Granatenbeschuss, fielen die Tschetniks in mein Dorf ein und brannten alle Häuser in Likari kurz vor dem Sonnenuntergang nieder. So als ob es niemals existiert hätte! Unser Dorf war eines der ersten (wenn nicht sogar das erste), das bis auf die Grundmauern zerstört wurde. Vom Zeugnis unserer Existenz dort blieben nur die Grabsteine unserer Vorfahren auf dem Dorffriedhof. Es war die Schandtat unserer serbischen Nachbarn, gemeinsam mit ihren Helfern aus Serbien selbst. Sie stahlen sogar den Eisenzaun, mit dem der Friedhof umzäunt gewesen war. In den Tagen davor haben sie alles geplündert, was man plündern hätte können. Das Vieh, das sie nicht mitgenommen hatten, verbrannten sie lebendig in den Ställen. Unendlich weit hörte man die Todesschreie der unschuldigen Tiere, was uns in der Seele wehtat. Wir konnten jedoch nichts dagegen unternehmen. Selbst Hunde und Katzen ließen sie nicht am Leben. Und im Dorf gab es einige davon! Sie töteten jeden!

Das Niederbrennen unseres Dorfes verlieh uns die Kraft, uns zu verteidigen, obwohl wir nur mit einigen Jagdgewehren ausgestattet waren. Wir beschlossen, nach Srebrenica zu ziehen, wo die Tschetniks bereits eine Spur der Verwüstung hinter sich gelassen hatten und wo sie immer noch brandschatzen. Uns gelang es, in die Stadt zu kommen. Vor uns, fast unbewaffneten Jugendlichen, flohen die Tschetniks.

Wir trafen Akif, den lokalen Anführer der Verteidigungs-
gruppe. Er spielte eine entscheidende Rolle bei der Vertreibung der serbischen Freischärler, indem er sie von der westlichen Seite aus angriff. Die betrunkenen und entfesselten
Tschetniks hinterließen größere Mengen an leichter Munition, aber auch die Leichen getöteter Bosniaken, bei denen
der Verwesungsprozess bereits eingesetzt hatte. Wir begruben ca. zwanzig von ihnen. Nach einigen Tagen kehrte das
Leben scheinbar in die Stadt zurück. Die Straßenverbin-
dung mit den befreiten Dörfern wurde wiederhergestellt.
Unsere kleine Einheit bartloser Jugendlicher wuchs inzwischen zu einer echten Armee heran.

In kurzer Zeit füllte sich die Stadt mit Flüchtlingen, die
nur noch das besaßen, was sie am Leibe trugen. Sie brachten
auch die Geschichten über die grausamen Schicksale ihrer
Verwandten und Nachbarn mit. Der Strom der Flüchtlinge
kam aus allen Dörfern des Drinatals nach Srebrenica. So
fanden die Menschen aus Rogatica, Višegrad, Bratunac,
Zvronik, Vlasenica, Sokolac und Han Pijesak Zuflucht in
Srebrenica. Die überfüllte Stadt wurde zu einem Sammellager. Jeder Raum, in dem man halbwegs hausen konnte, war
mit bis zu 20 geflüchteten Personen gefüllt und glich immer
mehr einem Bienenstock. Für diejenigen, die zu spät kamen,

wurden Garagen dann schließlich als Wohnraum umfunktioniert, um freie Zimmer zu ermöglichen. Schulklassen wurden zu Wohnzimmern für diejenigen, die vertrieben worden waren. Jedes Objekt, wo die Menschen ihre Matratzen ausbreiten konnten, verwandelte sich zu einer Schlafstätte, obwohl tatsächlich keiner vor Sorgen schlafen konnte. Mit jedem neuen Tag und jeder neuen Ankunft der Flüchtlinge verschlimmerte sich das Problem der Lebensmittelversorgung in Srebrenica. Sehr bald und schneller als wir befürchteten, gingen die wenigen Vorräte zu Ende, wodurch die Situation zusätzlich komplizierter wurde. Wir waren von allen Seiten umzingelt. Das wenige fruchtbare Land befand sich in den Dörfern, die die Tschetniks geplündert und deren Bewohner getötet hatten. Kurz danach fingen sie an – so wie sie es bereits in meinem Dorf Likari getan hatten – alle Häuser niederzubrennen. Es gab noch einige bewohnte Dörfer, von denen wir jedoch abgeschnitten waren. Neben Osmače und Sućeska gehörten noch einige kleinere Dörfer dazu. Es musste daher eine Verbindung zu ihnen geschaffen werden, aber der Weg dorthin führte über Kampfgebiete mit dem Feind.

Es wurden Armeeeinheiten gebildet, und ich wurde im Dorf Pečišta stationiert, wo ich den Fahneneid als Soldat der bosnischen Armee leistete. Meine Einheit bestand aus Vertriebenen aus Bratunac, Likari und Pečišta. Mit großer Besorgnis suchten die Bewohner von Pečišta ihr Dorf auf und teilten anschließend das Essen mit uns. Mit meinen Brüdern bezog ich das alte Haus meines Onkels Nazif. Bald darauf stießen meine Eltern dazu. So waren wir wieder vereint, jedoch arm wie Kirchenmäuse. Wir hatten weder Essen noch Kleidung, außer dem, womit wir am 19. April bekleidet waren, als wir vor den Schlachtmessern der Tschetniks geflohen waren. Die Tschetniks waren währenddessen gerade dabei, ihren jahrhundertelangen Traum von der Ausrottung der Muslime zu verwirklichen.

Gott sei Dank lebten wir noch. Meinem Vater ging es aber nicht gut. Er hatte Atemschwierigkeiten infolge der Lungenkrankheit, die er sich als Bergwerkarbeiter in der Zeche „Sase" geholt hatte. Fast alle Arbeiter der Zeche waren wegen der unzureichenden Schutzmaßnahmen mit der Zeit erkrankt. Der Bleistaub setzte sich in ihren Lungen ab. Trotz der Tatsache, dass die wussten, dass die Arbeit krank machte, hatten sie sich der Gefahr ausgesetzt, um ihren Familien das Leben erträglicher zu machen.

Der tägliche Granatenbeschuss forderte seinen Tribut. Die Zahl der Toten und Verletzten wuchs von Tag zu Tag.

Die Aufnahme weiterer Flüchtlinge überstieg die Aufnahmekapazitäten der Stadt und erschwerte die Schutzsuche während des Beschusses mit serbischen Granaten. Mit jedem neuen Tag erreichten uns auch neue Nachrichten über unsere entferntere Verwandtschaft.

Ich hatte weder Kenntnis über die Onkel mütterlicherseits aus dem Dorf Joševo noch über die Tanten und deren Familien aus Osmače und Dimnići. Meine Mutter machte sich Sorgen über ihre Brüder und mein Vater über seine Schwester, über deren Verbleib sie nichts wussten. Ihr Leben änderte sich schlagartig. Die glücklichen und fleißigen Dorfbewohner wurden zu unglücklichen Menschen, die hilflos der Lage ausgesetzt waren. Unser aller Leben glich den Pflanzen, die ausgetrocknet auf Lehmboden standen. Wir hatten unsere Hoffnungen aufgegeben und schmiedeten auch keine Zukunftspläne mehr. Die Zeit schien stehen geblieben zu sein.

Im Juni beschlossen wir, etwas gegen den wahllosen Granatenbeschuss aus Glavica, der höchsten Erhebung über meinem Dorf, zu unternehmen. Jede abgefeuerte Granate traf eines der Häuser und tötete oder verwundete dabei Menschen. Der einzige Weg dies alles zu stoppen, bedeutete die Befreiung meines Dorfes. Das sollte uns auch gelingen, jedoch unter großem Blutzoll, denn neben mangelnder Bewaffnung verfügten wir über keinerlei taktische Kampferfahrung.

In einem Angriff der Verzweiflung, bei dem wir mehr schrien als wir über Waffen verfügten, befreiten wir tatsächlich Likari. Feige flohen die Tschetniks und hinterließen dabei eine beachtliche Anzahl an Gewehren, Munition und Granaten. Wir erbeuteten auch einen „Bofors"-Panzer und OSA-Panzerabwehrgranaten. Das Waffenarsenal unserer Einheit verbesserte sich dadurch erheblich. Obwohl wir sieben Tote zu beklagen hatten, wuchsen wir durch die Waffenausbeute zu einer respektablen Einheit heran. Obwohl wir über rudimentäre Logistik verfügten, fühlten wir uns wie richtige Soldaten. Wir hatten Gottvertrauen und die feste Überzeugung, dass wir für die gerechte Sache kämpften.

Wir errichteten auf Glavica schwache Verteidigungslinien. Die Anzahl unserer Gewehre war überschaubar. Wir waren ca. 100 Männer über dem niedergebrannten Likari, das zu dieser Zeit einer schrecklichen Filmkulisse glich.

Zwei Tage später duschte Edo früh am Morgen mit kaltem Wasser, während er vor sich hin summte. Danach verkündete er: „Mein Sohn ist aus dem Lager befreit worden.

Jetzt kann ich das Leben genießen. Ich mache mir keine Sorgen mehr um mein Haus. Hauptsache, er ist am Leben!"

Wir freuten uns mit Edo. Mit unseren elf vorhandenen Gewehren traten wir unseren Wachdienst an. Pro Gewehr hatten wir zwanzig Schuss Munition zur Verfügung. Wir besaßen ein Maschinengewehr, das Edo an sich nahm. Als der Granatenbeschuss und der Kugelhagel von allen Seiten einsetzten, waren wir zehn Meter voneinander entfernt. Wir schauten Richtung Površ, wo sich grüne Wiesen befanden. Zu Edos und meiner rechten Seite befanden sich Kiram und Ahmo. Wir hatten Angst, denn wir waren schwach geschützt und hatten wenig Munition. Dann sagte Edo plötzlich:

„Schießt nicht wahllos umher. Sonst verfeuert ihr grundlos eure Munition und offenbart eure Stellungen."

In dem Augenblick als er seine Worte beendet hatte, schlug eine Granate zehn Meter hinter mir ein. Durch die Detonation verloren wir zeitweise unser Gehör und konnten nicht einschätzen, wo genau sie eingeschlagen war. Wir konnten auch nicht die Richtung bestimmen, aus welcher das Stöhnen und die Schreie kamen: „Hilfe… Es tut weh. Kiram!"

Ich drehte mich um und sah wie Ahmo von der Detonation umgeworfen in einem Gebüsch lag. Sein Bein war zerfetzt, aber blutete nicht. Es war schwarz, wahrscheinlich verursacht durch die freigewordene Hitze der Explosion. In einer blitzschnellen Reaktion hatte man Ahmo unter dem Kugelhagel aus der Schusslinie gebracht. Seine Retter und Ahmo verschwanden im Dickicht. Wir bangten um ihn, ob er es überleben würde.

Die Angriffe wurden intensiver, und von Minute zu Minute wurde es schwieriger. Der erneute Blick in Richtung Wiesen verriet uns, dass die Tschetniks nun einen Infanterieangriff starteten. Schulter an Schulter begleitet von dröhnender Musik marschierten sie in unsere Richtung. Man sah das massive Feuer aus den Gewehrläufen. Wegen der Kanonenschüsse hörte man kaum noch die Kirchenmusik, die aus den Lautsprechern dröhnte. Edo erwiderte das Feuer aus dem Maschinengewehr. Seine Schüsse waren sparsam, aber präzise und erfolgreich. Die Tschetniks gerieten in Panik und flohen, obwohl sie uns zahlenmäßig überlegen waren. Von der rechten Seite, mit welcher wir keinen Kontakt hatten, setzte ebenfalls ein Feuergefecht ein. Wir wussten nicht, wer schoss, aber der Schusswechsel gab uns Hoffnung, die Verteidigungslinien weiter aufrechtzuhalten.

Als ob Edo unsere Gedanken lesen konnte, ordnete er dann an, dass wir uns zurückziehen sollten, falls die Tschetniks vorrückten. Er blieb, um sie aufzuhalten. Plötzlich tauchten zwei junge Männer auf und nahmen die Stellung ein.

„Ich bin es, Cupan. Wir sind gekommen, um euch zu helfen. Die Verteidigungslinien stehen noch. Ahmo und Vahid sind verwundet. Den beiden geht es nicht gut. Vahid hat es schlimmer getroffen als Ahmo."

Cupan sprach die Worte mit Leichtigkeit und duckte sich in einem Gebüsch, von wo er zwei bis drei Schuss abfeuerte. Edo tadelte ihn für das sinnlose Verfeuern der Munition.

Ich klammerte mich an die Hoffnung, dass jeder unserer Schüsse die Tschetniks in Angst versetzte. Die kurzen Gewehrsalven gaben mir Selbstvertrauen, so dass ich am liebsten aus dem flachen Schützengraben hinauslaufen wollte, um die Verwundung von Ahmo und Vahid zu rächen. Ich bekam meine Wut und Ohnmacht unter Kontrolle und spürte nun keine Angst mehr. Ich fing an, wieder Bittgebete aus dem Koran aufzusagen. Auf Glavica prasselte der Kugelhagel nieder. Die Erfahrung lehrte mich, dass uns ein Infanterieangriff bevorstand, denn die Haubitzen wurden still.

Und es kam wie befürchtet. Die Infanterie marschierte los und beschoss uns abwechselnd mit Panzerabwehrhandwaffen und Maschinengewehren. Rechts von uns tauchte eine Flugzeugabwehrkanone auf, die uns unter Beschuss nahm. Kiram richtete sich vorsichtig auf, um durch ein Fernglas die Anzahl der Tschetniks zu bestimmen. Er fürchtete sich, sich noch weiter aufzurichten, weil die Schüsse der Flugzeugabwehrkanone, die auf uns schoss, so massiv waren, dass sie die Erde aufwirbelten und die Baumrinde zerschossen.

Unerwartet tauchten hinter uns zehn Männer auf, die mit einigen Maschinen- und Jagdgewehren ausgerüstet waren. Einer von ihnen sprach: „Ich bin's. Adem. Wir kommen zur Verstärkung."

Wir waren überglücklich, da wir uns fast den ganzen Tag mit unzureichender Ausrüstung verteidigt hatten. Ihre Ankunft verlieh uns wieder Sicherheit und Selbstvertrauen. Aber nachfolgend setzte das ein, wovor ich Angst gehabt hatte, denn es folgte ein noch stärkerer Beschuss, auf den wir mit wahlloser Schießerei antworteten. Edo schaffte es, sein Maschinengewehr in Richtung Transporter zu drehen. Mit kurzen Salven gelang es ihm, die Flugzeugabwehrkanone zum Schweigen zu bringen. Sie schossen mit den verbotenen Splittergeschossen auf uns. Kiran streckte sich, um nach der Position des Transporters zu schauen, als er wie eine wilde Katze einen großen Satz nach hinten machte. Von der Kraft der Explosion verschwand fast das Gebüsch vor ihm. Kiran wurde in die rechte Brusthälfte getroffen, und die Austrittswunde sah erschreckend aus. Wir waren überzeugt, dass er es nicht überleben würde. Man trug ihn aus dem Schussfeld, um ihn medizinisch versorgen zu können. Der Granatenhagel setzte wieder ein, was zu beängstigenden Geräuschen führte. Das Einzige, was wir tun konnten, war uns zu ducken, den Kopf mit den Händen zu schützen und zu hoffen, dass der Körper unversehrt blieb. Aber darüber machten wir uns keine Gedanken. Edo war alles gleichgültig. Die Tschetniks kamen uns so nah, dass sie sich fast unter uns mischen konnten. Er stand auf und eröffnete das Feuer auf sie, wobei er diesmal nicht an Munition sparte. Wir standen kurz vor der Niederlage, was zur Folge gehabt hätte, dass Srebrenica ohne Verteidigung gewesen wäre. Danach wäre das Vorrücken der Tschetniks unaufhaltbar gewesen und nicht nur Srebrenicas Schicksal, sondern das Schicksal des gesamten freien Territoriums wäre besiegelt gewesen. Unerwartet setzte hinter dem Rücken der serbischen Soldaten plötzlich ein Feuer ein. Sie gerieten in Panik und flohen in alle Richtungen. Dabei schossen sie wahllos um sich. Eine Granate fiel vor Edo, der an einem

Eichenbaum angelehnt war. Schwer verletzt hob er sein Maschinengewehr, legte es über seine Knie und hauchte seine Seele aus. In seinem Gewehrlauf hatte er eine Kugel übriggelassen, die er für sich selbst aufgehoben hatte, um nicht dem Feind in die Hände zu fallen.

Edo war uns allen eine Inspirationsquelle bei der Verteidigung unserer Heimat. Er erlebte mit, wie sein Sohn aus einem serbischen Todeslager befreit worden war und starb selbst als Märtyrer fernab seines eigenen Ortes. Wir wollten seinen leblosen Körper vom Schlachtfeld wegtragen. Ich rief daher Cupan. Zusammen mit ihm und zwei anderen jungen Männern (deren Namen ich nicht mehr weiß) hoben wir mit Tränen in den Augen Edos Leichnam hoch. Obwohl wir Hunger, Durst und Müdigkeit verspürten, gaben wir nicht auf. Das Terrain war steil, und nach 200 Metern kamen wir an einer Ackergrenze an. Dort sahen wir die Ruinen eines Hauses, in dem wir die Verwundeten aufgebahrt hatten. Richtung Zagon eröffneten die Raketenwerfer das Feuer. Der Beschuss wurde immer stärker, aber dennoch trugen wir Edos Leichnam weiter in Richtung des Dorfendes, um ihn dort den Zivilisten und Reservesoldaten zu übergeben. Wir stellten die Bahre kurz ab, um uns auszuruhen. Dunkle Gedanken kreisten in unseren Köpfen. So verdrängten wir das Abschussgeräusch eines Handgranaten-werfers, dessen Projektil in unserer Nähe einschlug. Die Detonation warf uns einen Abhang hinunter. Man hörte Schreie und Hilferufe. Ich schwebte wie in der Schwerelosigkeit, sah mich Richtung Cupan gedreht. Ich hörte abwechselnd Geschrei und verlor kurzzeitig mein Gehör. Ich schloss fest meine Augen und öffnete sie. Nichts tat weh.

Ich schaute wieder zu Cupan und sah dann, wie aus seiner rechten Brusthälfte Blut floss. Das blaue Hemd, das er trug, färbte sich rot. Ich sammelte mich und fragte ihn: „Bist du getroffen?" „Ja, bin ich. Es tut weh." Mit seiner Hand versuchte ich die Blutung aus der Wunde zu stoppen. Ich bewegte seine Hand schnell weg und zog mit bloßer Hand den Granatsplitter, den man aus seiner Brust ragen sah, heraus. Sobald ich das heiße Eisenstück entfernt hatte, stand er schon wieder auf, behauptete, dass es ihm gut gehe, und legte seine Handfläche auf die Wunde. Die anderen beiden jungen Männer wurden nicht getroffen, jedoch waren sie infolge der hefigen Detonation sichtlich erschüttert.

Plötzlich fing mein rechter Arm an wehzutun. Ohne es zu selbst zu bemerken, war ich verwundert. Ich wurde am rechten Handgelenk getroffen, und meine Hand schwoll sehr schnell an. Der Schmerz wurde unerträglich. Wir hatten keine Zeit zu verlieren. Wir hoben Edos Leichnam an und trugen ihn weiter. Als wir zu einer geschützten Stelle kamen, ließen mittlerweile auch unsere Kämpfe nach. Es gab einige Verwundete, aber Edo war das einzige Todesopfer, das wir zu beklagen hatten.

Die Nachrichten, die wir über das serbische Propaganda-Fernsehen sahen, sprachen von angeblich fünftausend muslimischen grünen Baretten, die serbische Dörfer angegriffen hätten und dass Korps aus Užice mit Verlusten von vierzig Soldaten sie erfolgreich verteidigt hätten. Auf Seiten der grünen Barette wären 180 Soldaten getötet worden und über 300 verwundet. Der Fernsehsprecher Risto Đogo verbreitete Lügen, um betrunkenen Feiglingen die Kampfmoral anzuheben. Vielleicht hatten sie in der Tat so viele Verluste erlitten. Wir zweifelten nicht daran, dass der Korps aus Užice uns angegriffen hatte. Es war ein weiterer Beweis dafür, dass Serbien und die jugoslawische Volksarmee einen Angriffskrieg gegen Bosnien führen wollten.

Dies war unsere erste große und siegreiche Schlacht, die zu einem Synonym des bosnischen Widerstandes wurde. Diese Schlacht hob unsere Moral, weil wir sahen, dass wir beherzter und fähiger waren, als wir selbst erahnen konnten. Likari wurde zu unserer Festung und zu einem Symbol des Widerstandes, was den Angreifern ein Dorn im Auge war.

Zusammen mit anderen Verwundeten wurde ich in die Stadt transportiert. Das Krankenhaus von Srebrenica wurde zerstört. Daher hatte man ein Privathaus zum Zwecke der medizinischen Versorgung umgebaut. Für die Sicherheit des Krankenhauspersonals und der Patienten war Akif Ustić zuständig. Neben den Ärzten Dr. Avdo Hasanović, Dr. Fatima Dautbašić und Dr. Branka Stanić arbeitete dort auch eine serbische Krankenschwester, die in der Stadt geblieben war und uns die Hoffnung gab, dass nicht alle Serben Tschetniks waren. Sie war eine ältere und erfahrene Krankenschwester, die sich um die Leichtverwundeten so wie mich kümmerte. Sie kam mir zwar verdächtig vor, aber die Zweifel schob ich meiner Paranoia gegenüber Serben zu. Auf meine Wunde schüttete sie zwei Ampullen eines Pulvers, wodurch meine Hand anschwoll und blau wurde. Ich hielt das für eine normale Reaktion, denn ich vertraute auf ihr medizinisches Fachwissen. Bis zur nächsten Versorgung beruhigte sich die Wunde, jedoch hatte ich danach wieder unerträgliche Schmerzen, und der rechte Unterarm lief wieder dunkelblau an. Die Wunde heilte schnell ab, aber die Verfärbung der Haut blieb. Diese Krankenschwester blieb solange, bis ein gewisser Nurija leicht verwundet ins Krankenhaus ankam. Er hatte eine kleine Wunde an der rechten Wange. Ein Splitter so groß wie ein Reiskorn hatte ihm den Zahn rausgeschlagen. Da die Wunde harmlos war, erholte er sich schnell davon. Wir gingen einmal zusammen zu Wundversorgung. Er sollte dort dann eine Impfung gegen Blutvergiftung bekommen.

Als wir ankamen, saß der Sicherheitsbeauftragte Akif bereits vor dem provisorischen Krankenhaus. Ich setzte mich auf den Stuhl. Die Krankenschwester holte aus ihrer Tasche wieder die Ampullen mit diesem Pulver heraus. Während sie den Inhalt einer Ampulle auf meine Wunde goss, stürmte Akif in das Zimmer und packte mich resolut an der Hand. Er zog mich zum Waschbecken und spülte die Wunde aus. Er zeigte kein Mitgefühl für meine Schmerzen.

„Du bist gesund und musst nicht mehr zur Versorgung der Wunde kommen. Melde dich in deiner Einheit zurück!"

Seine Reaktion erstaunte mich, denn meine Hand war immer noch angeschwollen. Die Haut war gespannt, als würde sie gleich bersten. Es war keineswegs so, dass es mir gut ging und dass ich gesund war. Ich ging hinaus. Akif schrie die Krankenschwester an: „Künftig darfst du die Verwundeten nicht einmal ohne meine Erlaubnis anschauen, und du wirst ihnen nichts mehr auf die Wunden kippen! Haben wir uns verstanden?"

Akif war früher mein Lehrer in der Grundschule. Ich wusste, dass er zwar streng, aber gerecht war. Deswegen erschrak ich, denn so erlebte ich ihn zum ersten Mal. Als wir draußen waren, sagte er leise zu mir:

„Setz dich hin und sei nicht verärgert. Ich wollte nur sehen, wie sie Nurija die Spritze setzen wird. Er ist leichter verwundet als du."

Er ging zum Fenster und schaute hinein. Danach rannte er ins Krankenhaus und versuchte sie daran zu hindern, den Inhalt der Spritze in seinen Körper zu injizieren. Akif kam jedoch zu spät, um zu verhindern, dass diese Krankenschwester noch einen weiteren jungen Menschen tötet. Sie füllte die Spritzen mit Leitungswasser, ohne die Luft aus ihnen zu pressen. Dann injizierte sie diesen Inhalt in den Körper, wodurch ein qualvoller Tod innerhalb weniger Stunden herbeigeführt wurde. So bewirkte sie einen Herzstillstand. Nurija war ihr letztes Opfer. Akif schöpfte bereits länger Verdacht, weil in den letzten zwei Wochen rund zwanzig leicht verwundete Soldaten unerwartet gestorben waren. Man verhaftete die Krankenschwester, und ich hörte irgendwann, dass sie im Gefangenenaustausch freigelassen wurde.

Kapitel 4

Hunger

Die Essensvorräte neigten sich dem Ende, während die Zahl der Flüchtlinge weiterhin wuchs. Zusätzlich quälten uns der tägliche Granatenbeschuss und das Abstellen von Strom und Wasser. Überall herrschte Hungersnot. Die Bevölkerung war gezwungen, sich auf Nahrungssuche zu begeben. Trotz aller Beschlüsse und Resolutionen erlaubten die Tschetniks nicht, dass die Konvois der humanitären Hilfe in die Enklave gelangten. Den UN-Beobachtern war es auch egal. Das Ziel war es, die Menschen in einem überfüllten Tal auszuhungern und sie so dem Tod zu überlassen. Der Hunger zwang uns zu improvisieren und eigenständig nach Lösungen zu suchen. Jede Nacht machten sich unzählige Menschen unorganisiert auf den Weg zu den entfernten Dörfern entlang des Flusses Drina, aus denen sie zuvor vertrieben worden waren. Sie riskierten auf der Suche nach etwas Essbarem ihr Leben, um durch die feindlichen Linien zu kommen. Sie fanden etwas Weizen, Mais oder Hafer, um damit für einige Tage ihre Familien ernähren zu können. Leider kehrten einige von diesen Ausmärschen nicht wieder zurück. Die Zahl der Getöteten wuchs. Mein Nachbar Nezir wurde vor seinem zerstörten Haus getötet, als er versuchte, aus dem Speicher etwas Nahrung mitzunehmen. Man ließ seinen Leichnam bei sengender Hitze verrotten. Zwei andere Männer machten sich auf zu ihm, um ihn würdig zu begraben. Leider kehrten auch sie nicht zurück. Tschetniks hatten unter Nezirs leblosen Körper eine Mine platziert, die bei Bewegung der Leiche aktiviert wurde. Monstrosität dieser Art lehrte uns vorsichtig zu sein. Jeden Tag verschwanden immer wieder Menschen. Sie starben in Qualen, hungrig, ohne Kleidung, ohne Haus, getrennt von ihren Liebsten.

Zwei Tage nach Nurijas Begräbnis sahen wir, wie unser Nachbar Nusret eine Wiese mähte. Wir boten ihm an, die Arbeit im Gegenzug für etwas Nahrung zu erledigen. Alles andere außer Nahrung besaß ohnehin keinen Wert.

„Euch fünf gebe ich dafür ein ganzes Blech Kuchen mit Mus."

Wir besiegelten die Abmachung per Handschlag. Die Arbeiten waren gefährlich, denn in der Nähe befand sich die Frontlinie zu den Tschetniks. Die Parzelle war groß, so dass der Feind freie Sicht auf uns hatte. Aber das Blech mit Kuchen war eine große Motivation für die Arbeit. Selbst Nusret wies uns auf die Gefährlichkeit hin, denn der Blick Richtung Berg Zvijezda sah furchteinflößend aus. Von dort aus wurden alle Häuser mehrmals getroffen. Einige davon wurden komplett zerstört.

Trotzdem nahmen wir die Arbeit an. Wir mähten einige Minuten lang, dann rannten wir unter den Schutzhügel, von wo aus man die frischen Gräber sehen konnte. Wir fragten uns, wer wohl das nächste Opfer sei. Für eine Fläche von drei Quadratkilometern ließen wir uns den ganzen Tag Zeit. Wir verrichteten das Abendgebet und gingen zu Nusret, um unseren Lohn entgegenzunehmen. Er hätte uns den Kuchen gegeben, auch wenn wir nicht die Wiese gemäht hätten. Dieser Kuchen war für uns so wertvoll, dass wir bereit waren, dafür sogar unser Leben aufs Spiel zu setzen. Und wir hätten ihm geholfen, selbst wenn er uns im Gegenzug nichts dafür gegeben hätte. Er besaß nicht mehr als wir, und die Vorräte neigten sich bei jedem schnell ihrem Ende zu.

Wir aßen den Kuchen, der auf den ersten Blick wegen des dunklen Muses unappetitlich aussah. In Wahrheit schmeckte er besser als die beste Delikatesse der ganzen Welt. Auch wenn wir selbst ausgemergelt und hungrig waren, gaben wir dem anderen den Vortritt beim Essen: „Nimm du noch etwas, ich habe weniger Hunger." Eigentlich war jeder von uns so hungrig wie ein Raubtier. Obwohl

wir dadurch nicht annähernd unseren Hunger stillen konnten, gingen wir in unsere neuen Flüchtlingshäuser. Die
Tschetniks hinderten die humanitären Konvois wie bisher
daran, Nahrung in die Stadt zu bringen, wodurch unser immer größer werdender Hunger zu einem neuen Antrieb des
Widerstands wurde. Die unmittelbaren Kämpfe fanden um
Srebrenica statt. Neben Hunger starben Menschen infolge
des beständigen Granatenbeschusses. Die Situation wurde
von Tag zu Tag unerträglicher.

Ramadan 1993 war der schwerste meines Lebens. Es gab
kein Weizen, um Mehl für Brote zu machen. Salz ging aus.
Der Hunger wurde zu einem größeren Problem als Krankheiten und Verwundungen oder als Kälte und Schnee.

Maismehlbrot wäre eine Delikatesse, dachten wir. Wenn
man es nur backen könnte. Wir hatten kein Geld, um es zu
kaufen und ohnehin war es viel zu teuer. Mais war wertvol-
ler als Gold. Für 100 deutsche Mark (DM) konnte man 4 bis
5,5 kg Mais kaufen. Für 500 g Salz konnte man ein ganzes
Schaf eintauschen oder etwa 5 bis 6 kg Mais. Die Preise waren schwindelerregend. Ein Kilogramm Tabak kostete 2.000
DM, eine Packung Zigaretten 170 bis 200 DM. Für 100 kg
Weizenmehl musste man 1.000 DM bezahlen. Ein Kilo Salz
kostete 200 DM. Andere Lebensmittel gab es ohnehin kaum.

Das Problem mit dem Salzmangel versuchten wir zu beheben, indem wir im Hof einer Straßenmeisterei Vorräte von Streusalz fanden. Wir kochten es aus und nutzten es dann als Speisesalz. Das Essen wurde jetzt zwar salzig, aber bestimmt nicht gesund. So gewonnenes Salz beinhaltete kein Jod, das für die Gesundheit des Körpers unerlässlich ist. Jemand kam auf die Idee, eine Mühle am Bach Križevci zu bauen. Danach sprießten die Mühlen wie Pilze aus dem Boden. Etwas später installierten wir auf ihnen Elektromotoren, um Strom zu gewinnen. Da wir seit langer Zeit keinen Strom gehabt hatten, erfuhren wir dadurch erst, was im Land los war. In völliger Umzingelung waren wir gezwungen, an zwei Fronten zu kämpfen. Der Kampf gegen das Vorrücken der Aggressoren durfte nicht vernachlässigt werden, und auch der Kampf ums nackte Überleben bedeutete, die Fortführung des Lebens in diesen Gebieten. Einzige Möglichkeit an Nahrung zu gelangen, war es, in den bosniakischen Dörfern nach den Lebensmitteln zu suchen, die versteckt geblieben waren oder die die Verbrecher nicht gestohlen oder zerstört hatten. Diese Dörfer waren teilweise so zerstört, dass selbst die Hundehäuser nicht verschont geblieben waren. Sehr oft passierte es, dass Menschen ihr Leben ließen, weil sie auf gut versteckte Minen traten. Alle Moscheen wurden dem Erdboden gleich gemacht. Die

Friedhöfe wurden zerstört, die Grabsteine unserer Vorfahren, Großeltern und Urgroßeltern wurden zerschlagen, und die frischen Gräber sogar umgegraben. Sie haben jede Spur unserer Existenz ausgelöscht. Jede Woche gab es Flugzeugangriffe. Die abgeworfenen Bomben wurden mit Eisenteilen oder sogar mit Napalm gefüllt. Sie richteten große Schäden an. Eine dieser Bomben traf die Moschee in Crvena Rijeka. Diese Moschee wurde zuvor zu einem provisorischen Kinderkrankenhaus umfunktioniert. Durch den Bombenangriff wurde die Moschee vollständig zerstört. Alle Menschen vor Ort starben. Zusammen mit seinen kleinen Patienten starb auch der behandelnde Arzt. Die meisten Opfer waren Kinder.

Am 12. Dezember 1992 wurde ich zum zweiten Mal verwundet. Ich befand mich im Erdgeschoß eines Hauses zusammen mit etwa 30 anderen Kämpfern. Wir wurden entdeckt, als wir das Feuer entfachten, um uns zu wärmen. Die Granaten prasselten nur so auf uns ein, und eine von ihnen traf die Mauer der Garage, in der ich mich befand. Es erwischte dabei Vrabe und mich. Zeitweise wurde ich taub. Ich sah, wie Muhamed seine Lippen bewegte und etwas sagte, aber ich konnte ihn nicht hören. Auf einmal wurde mir schwarz vor Augen. Ich blieb bei Bewusstsein. Mein Kopf fühlte sich bleiern an und tat unerträglich weh.

Ich weiß nicht, wie lange ich in diesem Zustand war. Allmählich kehrte mein Gehör wieder zurück, und ich hörte die Männer um mich herum sagen: „Er wird es schaffen. Weder die eine noch die andere Wunde ist groß. Vrabe geht es gut. Wenigstens ihn werden wir nicht tragen müssen." Ich erlangte langsam mein volles Bewusstsein wieder zurück. Das erste, was ich dabei sah, war Muhamed und die umherliegenden Ziegelsteine. Erfolglos versuchte ich meinen linken Arm zu heben und begriff, dass ich entweder am Arm oder an der Schulter verwundet war. Sicher war ich mir nicht. Hajro, der Sanitäter, kam zu mir und versicherte mir, dass ich nicht ernsthaft verwundet war. Ich solle aber nicht hastig aufstehen oder die Wunden mit meiner Hand anfassen. „Du bist an Schulter und Kopf verletzt."

Mit meiner rechten Hand fasste ich mich nichtsdestotrotz an die Stirn und fühlte, dass mir Haare fehlten. Hajro erklärte, dass er Teile meines Kopfes abrasieren musste, um meinen Kopf zu versorgen.

Ich verlangte nach einem Spiegel. Kurz schwiegen alle, und Muhamed meinte dann, dass er einen hatte und gab mir einen zerbrochenen Spiegel. Er half mir beim Aufrichten und Hinsetzen, während die Detonationen um uns herum immer noch nicht aufhörten. Als ich mich im Spiegel sah, war ich sprachlos. Meine linke Wangenseite und die

Stirn waren dunkelblau angelaufen. Die Nase war angeschwollen, und die Schulter hatte sich verformt, so dass sie doppelt so groß aussah. Man verband mir den Kopf mit einem Lappen. Dieser war mit einem Klebeband befestigt, auf dem der Name der Fabrik aus Potočari „UNIS FEROS" stand. Selbst unter diesen Umständen wollte ich nicht aufhören, um meine bloße Existenz zu kämpfen. Nach zwei Stunden war ich wieder bereit für Aufgaben. Ich setzte dort fort, wo ich aufgehört hatte.

Der Monat Ramadan 1993 war im Winter. Es war auch die Zeit, als ich meine Onkel mütterlicherseits und deren Söhne getroffen hatte, die dem Tod und dem Terror der Tschetniks entkommen waren. Die Tschetniks hatten das Baby meines Onkels Šaban getötet. Sedina war ihr Name. Sie war erst zwei Jahre alt. Von den Nachbarn und Familienangehörigen hatte fast niemand überlebt. Aus dem ganzen Dorf Joševo entkam nur eine Handvoll Bewohner. Menschen flohen, um ihr eigenes Leben zu retten und schafften es nicht einmal, die Getöteten zu beerdigen. So hatten sie den Leichnam meiner getöteten Cousine Sedina Kurtić auf einem Speicher versteckt, um sie später beerdigen zu können. Getötet wurde auch mein Vetter Zurijet und seine Frau. Sie hinterließen ein fünf Monate altes Mädchen, um das sich dann Safet, mein Onkel väterlicherseits, kümmerte.

Ganze Familien wurden ausgelöscht. Die Morde wurden von Tschetniks aus dem Dorf Žlijebac mit Hilfe von Tschetniks aus Serbien begangen. In Joševo wurden 13 Mitglieder meiner entfernten Familie getötet, unter ihnen auch Kinder und alte Frauen. Die Älteste von ihnen war Hasiba, die 1936 geboren wurde. Mein Onkel Esed wurde an der Türschwelle seines Hauses im Dorf Osmače getötet. Onkel Šaban wurde verwundet.

Der Tod wurde zum Alltag, und wir gewöhnten uns an ihn. Ungewiss war nur, wer der nächste war. Eltern trugen jeden Tag ihre Kinder zu Grabe, getötet von den Unmenschen, denen nichts heilig war. Sogar ihre Priester gaben öffentlich und vor Fernsehkameras ihren Segen für die Schlächter. Es wurden sogar Bilder von Panzersegnungen gezeigt.

Durch eine Granate, die in der Nähe des Hauses meines Onkels Ramo einschlug, starb ein Mädchen namens Senada. Ihr Bruder Senad wurde verwundet, gemeinsam mit meiner 77-jährigen Großmutter Safija. Die Tschetniks töteten alles, was sie konnten, und so starb meine Oma wenig später an den Folgen dieses Angriffs. Die Granatensplitter rissen ihren Rücken auf. Ich kämpfte erfolglos um ihr Leben. Irgendwie schaffte ich es unter Granatenbeschuss, meine Oma mit meinem Vetter Kiram ins Krankenhaus nach

Srebrenica zu fahren. Wir kämpften um ihr Leben, und viele Menschen spendeten Blut für sie. Das Krankenhaus ähnelte mehr einem Schlachthof als einem Krankenhaus. Die Ärzte Dr. Ilijaz Pilav und Dr. Fatima Dautbašić versorgten sie. Sie brachten sie in den improvisierten Operationssaal und gaben alles, um sie zu retten, aber leider erfolglos. Dr. Pilav bekräftigte, dass meine Oma diesen Angriff unter viel besseren Umständen auch nicht überlebt hätte, denn ihre inneren Organe waren zerfetzt. Dieser mutige Arzt versuchte mich zu trösten, denn ich empfand unendliche Trauer. Sie war der Mensch in meinem Leben, den ich am meisten liebte. Seitdem ich denken konnte, spielte ich auf ihrem Schoß. Sie fand immer Zeit für mich. Sie lehrte mir die ersten kurzen Abschnitte des Korans und brachte mir andere religiöse Handlungen bei. Unter Beschuss bereiteten meine Mutter Nezira und die Nachbarin Šuhra ihren Leichnam für die Beerdigung vor. Wir beerdigten sie am nächsten Tag in meinem Heimatdorf Likari. Ihr Grab liegt neben ihres zuvor verstorbenen Mannes Safet. Wir trugen ihren leichten Körper bis zur ewigen Ruhestätte, auf dass ihre sanfte Seele beruhigt in das ewige Leben eintreten möge und am Jüngsten Tag ins Paradies. Meine Mutter und die Nachbarin versteckten sich unter der Anhöhe, um von den Schützen nicht entdeckt zu werden. Ich weiß nicht, wie wir es überhaupt geschafft hatten, ihren Leichnam in die Erde zu legen und ihn mit den Holzbrettern, die Mevludin vorbereitet hatte, zu bedecken. Wir schütteten hastig die ewige Ruhestätte meiner sanftmütigen und unschuldigen Oma Safija zu. Mich schmerzte ihr Tod, denn sie verdiente nicht solch ein Lebensende. Sie nahm einen besonderen Platz in meinem Leben ein, und so wird es bis an mein Lebensende bleiben. Ich bete oft zu Gott, dass er ihr ihre unbeabsichtigten Sünden vergibt, sollte sie diese in ihrem beschwerten Leben begangen haben. Wenigstens würde sie nun nicht den Tod, den Hunger und die Qualen ihrer Angehörigen miterleben müssen. Möge Gott sie ins Paradies eintreten lassen.

Der Hunger wurde immer schlimmer und erbarmungsloser. Anstatt Brot aßen wir nun die Blüten der Haseln, die bereits Ende Februar blühten. Die Blüten, die wie Zäpfchen aussahen, kochte meine Mutter weich und mischte sie mit Maismehl. Dieses Brot aßen wir mit einem Glas Milch. Das war unsere Mahlzeit und auch unser Essen im Ramadan. Wir standen vor dem Morgengrauen auf, tranken ein Glas Milch, aßen dieses Haselbrot, das nur ein Sattsein simulierte. Mein Vater wurde von Tag zu Tag schwächer, und seine Kräfte schwanden. Meine Mutter aß fast nichts, damit mehr für uns blieb. Sie behauptete immer, sie hätte kurz zuvor gegessen. Wir gingen hungrig an die Verteidigungslinien, um zu retten, was zu retten war. Trotzdem hielten wir am Fastenmonat Ramadan fest und freuten uns auf das Essen bei Sonnenuntergang. Wir glaubten an die göttliche Rettung.

Nach elf Monaten der vollständigen Blockade erreichte das erste Konvoi Srebrenica. Der Druck der internationalen Gemeinschaft war wahrscheinlich zu groß. Pro Person bekamen wir 250 g Mehl, 50 g Salz und ein Viertelliter Öl. Wir waren über die Nahrungsmittel, die wir bekamen, so dankbar. Auch wegen meines Vaters, der mittlerweile unterernährt war, so dass er nicht mehr essen konnte. Von ihm abgesehen hatte meine Mutter von uns allen am meisten an Gewicht verloren.

Der Hunger setzte meinem Vater zu, aber noch schlimmer war für ihn der Schmerz über den Tod seiner Mutter. Er aß kleine Stücke Brot, die meine Mutter aus dem Mehl der Konvoi-Lieferung zubereitet hatte. Er aß wenig und nach einigen Bissen, behauptete er, dass er satt sei, obwohl das nicht stimmte. Er riet uns stattdessen mehr zu essen, denn wir bräuchten Kraft. Keiner von uns aß allgemein viel, weil man nicht wusste, wie lange die Vorräte überhaupt ausreichen würden.

Der Ramadan neigte sich seinem Ende zu, und die Intensität der Kämpfe brach nicht ab. Der Hunger hinterließ Spuren auf dem Gesicht meiner Mutter. Aufgrund der Erschöpfung mied sie körperliche Aktivitäten. Sie ging nur in den Stall, um Milch zu holen und etwas Heu in die Futterstelle zu legen, damit die Kuh wiederum Milch geben konnte. Sie kämpfte um ihre Kinder, wie alle Mütter dies tun und schonte sich dabei nicht.

Am achtzehnten Tag des Ramadans betete ich das Abendgebet und konnte mich vor Erschöpfung kaum aufrichten. Kurz danach kamen meine Nachbarn Nevres und Enver zu Besuch. In der Dunkelheit und bei einem Glas Milch schwiegen wir die meiste Zeit. Wenn wir sprachen, dann nur über das Essen. Die Zeit verging schnell. Ich hörte den Ruf für das Nachtgebet und richtete mich auf. Für das Gemeinschaftsgebet in der Moschee fehlte mir die Kraft. Nachdem ich mit dem Gebet fertig war, sprach ich ein Bittgebet in dem halbdunklen Zimmer. Ich betete darum, dass ich nicht an Hunger sterbe, dass Gott meiner Mutter Kraft gibt, dass Er es meinem Vater erleichtert und ihn genesen lässt. Am Ende sprach ich das Glaubensbekenntnis, weil ich eine Schwäche fühlte, die mir wie die letzten Tage auf dieser Erde vorkamen. Ich fürchtete, dass mein Glaube wegen des Hungers schwächer werden könnte.

Als ich die Hände über mein müdes Gesicht strich, fühlte ich, wie mich jemand an der Hand packte. Vor mir stand ein Mann, weiß angezogen und sagte mir: „Hab' keine Angst. Du wirst nicht an Hunger sterben. Das ist nicht dein Schicksal. Du wirst heute Nacht um halb eins Essen in Überfluss haben. Mäßige dich dabei, und zweifle nicht im Glauben an Allah". Er sprach die Abschiedsworte und verschwand.

Ich bekam es mit Angst zu tun und hatte Gänsehaut. Ich spürte, wie mein Herz pochte und dachte, dass ich nun meinen Verstand verlor. Ich setzte mich neben Nevres, und meine Mutter fragte mich: „Warum schweigst du? Sag doch etwas!" Ich erzählte, was mir passiert war. Bis auf meine Mutter, die hinter mir gebetet hatte und mich merkwürdig ansah, lachten alle auf. Der Blick meiner Mutter sagte alles. Sie befürchtete, dass ich wirklich den Verstand verloren hatte.

Wir setzten die Unterhaltung fort, obwohl die Nacht ziemlich kalt war. Plötzlich wurde die nächtliche Stille durch das Dröhnen von Flugzeugen unterbrochen. An der Signalbeleuchtung erkannten wir, dass es sich um Transportflugzeuge handelte. Sie warfen große Mengen von etwas ab, dass etwa 500 Meter von unserem Haus entfernt zu Boden ging. Beim Runterfallen brachen Äste ab. Es flogen Flugzeuge hintereinander her. Es war genau halb eins, so wie es der Mann, den nur ich gesehen hatte, vorausgesagt hatte. Ich dachte, dass er nur meiner Fantasie entsprungen war, aber nun war ich überzeugt davon, dass er mir von Gott als ein Zeichen geschickt wurde.

Zusammen mit meinen Brüdern und zwei Freunden gingen wir aus dem baufälligen Haus hinaus. Ohne zu wissen, was abgeworfen wurde, bewegten wir uns Richtung Wald, der vom Mondschein hell beleuchtet war. Der Schnee knirschte beim Gehen unter unseren Füssen. Dadurch wurde es zusätzlich heller, und das erhöhte die Sichtweite. Wir bewegten uns vorsichtig, denn wir wussten nicht, was uns erwartete. Schweigsam und erschöpft gingen wir Richtung Zanik, um die Abwurfstelle zu finden. Ich dachte zunächst, es könnten Waffen sein, die wir uns von der Weltgemeinschaft zur Unterstützung erhofft hatten. Aber das war unmöglich. Herrschte doch ein Waffenembargo, und die Chancen, dass man uns Waffen zukommen ließ, waren gleich null. Unsere Leben waren so wertlos wie das von wilden Tieren, auf die die betrunkenen Jäger nur warteten. Auf halbem Weg bemerkte ich Schneespuren von zwei paar Stiefeln. Ich nahm an, dass mit der Fracht vielleicht auch Fallschirmjäger heruntergesprungen waren. Wir blieben zwei, drei Minuten regungslos stehen, um festzustellen, ob jemand da war. Wir setzten den Marsch dann fort, selbst wenn vor uns hunderte Soldaten warten sollten, selbst wenn wir sterben würden. Alles war besser als zu hungern. Man hörte aber nichts außer das Brechen der Zweige, die nicht mehr die Last der beladenen Fallschirme tragen konnten.

Ich sah eine kleine grüne Leuchte. Mit großer Vorsicht näherte ich mich ihr und bete innerlich, dass alles gut gehen möge. Über der Leuchte hing ein Fallschirm an Ästen einer großen Buche. Die Seile trugen eine Last, die hermetisch verpackt war. Ohne groß nachzudenken holte ich das Messer heraus und zerschnitt die Verpackung, die aus einer widerstandsfähigen Plane bestand. Das Messer war stumpf, und meine Kräfte waren schwach infolge von Hunger und Angst um das eigene Leben. Ich schaffe es langsam, die Last zu öffnen, die nicht auf dem Boden aufgeschlagen war. Sie hing etwa einen halben Meter in der Luft. Ich sah nicht allzu große Kartonverpackungen und schaffte es eine herauszuziehen, um zu sehen, was sich darin befand. Mein Herz blieb vor Freude stehen. Die Pakete waren mit kalorienreichem Essen befüllt.

Wir setzen uns um einen Karton herum und fingen an, alles zu essen, was wir in die Finger bekamen. Wir schauten nicht mal auf die Aufkleber, die den Inhalt beschrieben. Und selbst wenn wir es gelesen hätten, hätten wir es nicht verstanden, da es auf Englisch war. Es handelte sich um Lunchpakete des amerikanischen Militärs, in denen sich verschiedenes Essen befand. Sogar löslicher Kaffee, Zucker und Salz waren darunter. So hungrig wie wir waren, aßen wir alles der Reihe nach. Ohne viel zu überlegen und zu schauen, öffnete ich eine Verpackung und fühlte unter meinen Finger so etwas wie Käsescheiben. Vor lauter Hunger versuchte ich sogar ein nasses Taschentuch aufzuessen und nicht das, wovon ich annahm, dass es Käse war. Wir fünf aßen alles aus diesen Paketen auf. Kurz darauf schämten wir uns aber dafür, denn wir ließen nichts für die anderen übrig. Ich bat Gott wegen meiner Gier um Vergebung.

Ich zerschnitt die Plane erneut und holte zwei weitere Pakete heraus.

„Hasib und Hajro, ich werde dies unserer Mutter bringen, um sie glücklich zu machen. Nehmt beide so viel ihr könnt und tragt es, soweit ihr könnt. Ich kehre schnell zurück. Nevres wird mit seinem Bruder für seine eigene Familie so viel Essen wie möglich dahintragen. Beeilt euch! Es kann gleich zum Granatenbeschuss kommen. Ich gehe schnell nach Hause unserer Mutter und komme sofort zurück."

Auf halben Weg setzte die Morgenröte ein. Die Sicht wurde immer besser. Ich sah unzählige Menschen, die davon erfahren hatten, dass in den Wäldern Nahrung abgeworfen wurde. Ich warf die beiden Pakete aus den Händen und rief diesen Menschen zu: „Hierher! Ich weiß, wo die Pakete gefallen sind."

Ich beeilte mich, denn ich wusste, dass gleich ein Wettrennen um das Essen starten würde. Ich kam zu meinen Brüdern, die eine volle Palette gefunden und versteckt hatten. Wir sammelten weiter und versteckten die Pakete unter dem Schnee. Gegen acht Uhr kamen wir nach Hause mit unseren Händen in den Taschen. Wir lächelten und waren guter Dinge. Wir vergaßen, dass wir uns im Ramadan befanden. Möge Gott uns diesen Fehler verzeihen. Voller Sorge stand meine Mutter an der Türschwelle und schaut uns wortlos an.

„Mutter, setz den Kessel auf, damit wir einen richtigen Kaffee trinken können. Obwohl ... ich mache das. Du kannst dich ausruhen."

„Meine lieben Kinder, wir haben Ramadan ... und was für ein echter Kaffee? Was ist mit euch los? Ich bin tausend Tode gestorben, als ihr in der Nacht weggegangen seid."

Ich bereitete den Kaffee zu. Meine Mutter schaute mich an und konnte es nicht glauben. Meine beiden Brüder holten etwas aus ihren Taschen heraus und gaben es ihr. Ihre Augen füllten sich mit Tränen. Sie war fassungslos. Während wir den Kaffee tranken, erzählten wir ihr über die guten Nachrichten, dass wir so viel Nahrung gesammelt hatten, und es lange Zeit ausreichen würde. Mein Vater freute sich für uns. Er nahm wenige Bisse zu sich und trank den Kaffee, da er nicht fastete. Dann fragte er uns: „Und wo ist eure Nahrung für kommende Zeit? Ich muss nichts essen. Wichtig ist, dass ihr etwas habt." Ich erklärte ihm, dass ich etwas unter der Schneedecke an mehreren Stellen versteckt hatte. Wenn sich die Lage beruhigt hätte, würde ich es nach Hause bringen. Weder er noch meine Mutter schenkten der Sache Glauben.

Als die Flugzeuge zum zweiten Mal weitere Essenspakete am Waldrand von Zanik abwarfen, hatte ich bereits die Vorräte aus dem ersten Abwurf nach Hause transportiert. Wir hatten Essen in Hülle und Fülle. Wir hatten ca. 2 Tonnen Essen gesammelt, behielten aber nicht alles für uns, denn es war Ramadan. Gemäß unserer Tradition verteilten wir das Essen an die Besucher, die zu uns kamen. Es kamen Freunde und Menschen, die wir nicht kannten. Uns suchten Leute auf, die auf der Suche nach den abgeworfenen Essenspaketen im Wald waren und leer ausgingen. Wir boten ihnen Kaffee an und gaben ihnen ein Paket, das 12 kg wog. In wenigen Tagen verteilten wir rund 1.250 kg Essen und behielten den Rest für uns. Amerikanische Flugzeuge starteten von ihrer italienischen Militärbasis Aviano und warfen einige Nächte hintereinander Fracht ab. Wir fingen sie buchstäblich noch in der Luft ab. Diesen Kampf um die Nahrung nutzten die Tschetniks aus und starteten eine Offensive auf die Dörfer Cerska und Konjević Polje, die wir nicht mehr in der Lage waren zu halten.

Gegen Winterende fielen die Dörfer. Die Bevölkerung war gezwungen, vor ihren Schlächtern zu fliehen. Sie kamen über beschwerliche Bergwege nach Srebrenica und hatten alles zurückgelassen, was sie besaßen. Dies geschah alles vor den Augen des französischen Generals Philippe Morillon, dem Befehlshaber der UN-Truppen. Er ging zu den Bewohnern von Cerska und Konjević Polje und schlug vor, dass sie ihre Dörfer nicht verteidigen, sondern zu ihrem Schutz nach Srebrenica aufbrechen sollten, obwohl er um die katastrophale Lage in Srebrenica wusste. Vor seinen Augen starben Menschen durch Granatenbeschuss, und er unternahm nichts, um das Sterben zu beenden. Wege und Mittel dazu hätte er gehabt. Die UN hatten wissentlich den

Genozid an den muslimischen Bosniaken zugelassen. Unter den Augen der Weltgemeinschaft vollzogen sich die schrecklichen Morde an Zivilisten. Frauen, Kinder, ältere Menschen starben. Die Todeszahlen wuchsen mit jeder Stunde. Es war schwer, eine Liste mit den Namen der Getöteten zu führen, denn in die Stadt kamen immer wieder neue Flüchtlinge an. Die Leichen der Getöteten vergrub man rasch, ohne dafür nach einer geeigneten Fläche zu suchen. Die Hauptsache war es, dass die Toten nicht vor den Häusern lagen, neben den Wegen oder auf den Wiesen um Cerska.

Trotz der niederschmetternden Nachrichten freuten wir uns auf die Nahrung, die wir ergattert hatten. Wir waren auch glücklich, wenn wir jemand anderen damit zufrieden machen konnten, indem wir es teilten. Mein Vater Sejfo konnte fast keine Nahrung mehr zu sich nehmen. Sein Magen war schwer angeschlagen. Wenn er etwas gegessen hatte, erbrach er einige Minuten später alles wieder. Sogar mehr, als er zuvor gegessen hatte! Obwohl sein Zustand ernst war, hatten wir die Hoffnung nicht aufgegeben, dass er gesund werden würde. Ihm ging es auch ein, zwei Tage besser. Dann verschlechterte sich seine Lage wieder. Er hoffte auch auf seine Genesung und fühlte sich gut – oder er überdeckte zumindest gekonnt seinen Zustand, um uns nicht traurig zu stimmen. Trotz aller Widrigkeiten, die uns und allen Bewohnern von Srebrenica zugestoßen waren, mussten wir weiter funktionieren.

Kolonnen von durchfrorenen und abgemagerten Flüchtlingen kamen fortwährend in die Stadt, ohne zu wissen, was sie dort erwartete oder wen sie um Hilfe bitten hätten können. Meine Brüder und ich mussten unseren Dienst verrichten. Man betraute uns mit der Aufgabe, die Neuankömmlinge aus Cerska und Konjević Polje in Empfang zu nehmen. Irgendwann neigten sich die Aufnahmekapazitäten dem Ende, wodurch ganze Familien mit kleinen Kindern und alten Personen gezwungen waren, die Nächte unter freiem Himmel bei eisiger Kälte zu verbringen. Wir zündeten Lagerfeuer auf den Straßen an, um sie aufzuwärmen und ihnen ihre Lage erträglicher zu machen. Srebrenica wurde zu einem Ghetto, dass zeitweise bis zu 65.000 Menschen beherbergte. Vor dem Krieg lebten auf einer Fläche von 1.500 Quadratkilometer - alle umliegenden Dörfern mit eingerechnet - insgesamt 36.500 Menschen. Jetzt waren wir auf einem Viertel der Fläche eingepfercht und waren doppelt so viele Menschen.

Unter kaltem Himmel neben dem Feuer wurden Babys geboren. Sie gaben uns Hoffnung auf eine bessere Zukunft. Die Stille der Nacht wurde durch das Schreien dieser Babys unterbrochen. Aber auch die Erwachsenen weinten und beklagten ihr Schicksal, denn sie hatten alles verloren, was sie in ihrem Leben mühsam erworben hatten. Es war ein tiefer Schmerz, aber nicht vergleichbar mit dem Schmerz der Mütter, die ihre Liebsten in der Vertreibung und in den Kämpfen um Cerska verloren hatten.

Um die Zeit des Nachmittagsgebets herum rief mich Amir an, um mir zu sagen, dass etwas vor sich gehe. „Du musst mit mir nach Vidikovac kommen, damit wir nachsehen können, was los ist." Zusammen mit einigen Jungs entfernte ich mich unauffällig von der Menschenmenge, ohne genauer nachzufragen. Auf den Straßen blieben die Menschen vertieft in ihren Gedanken um das Feuer herum. Ich bettete darum, dass sie nicht bemerkten, dass etwas nicht stimmte und machte mich mit Amir, Beli und Kiko auf den Weg. Dort angekommen trafen wir einige Soldaten. Plötzlich hörte man Motorenlärm und das Geräusch von Raupenketten auf dem Asphalt. Am Ende des Tages warteten wir nun leicht bewaffnet auf das Stahlungeheuer, das sich in unsere Richtung bewegte. Wir sprangen auf die Straße und waren bereit, mit unserem Leben das Leben derjenigen zu verteidigen, die außer ihrem Leben nichts mehr besaßen. Auf einmal kam ein weißer UN-Transporter hinter einer

Kurve hervor. Als der Fahrer uns sah, hielt er an. Wir standen schweigsam vor ihm. Auf der Antenne baumelte die UN-Flagge. Aus dem Sehschlitz blickten Soldaten mit Blauhelmen. Dann schrien sie: „Stop! Don't shoot! UN UN UN!" Direkt hinter dem Transporter folgten zwei weiße Militärgeländewagen, in denen Soldaten saßen.

Sie stiegen vom Transporter herab und fragten, ob jemand Englisch oder Französisch spreche. Einer von uns konnte etwas Englisch. Ein dienstälterer Soldat, der aus dem Mercedes-Transporter ausstieg, erklärte: „Ich bin General Morillon. Ich bin gekommen, um euch zu beschützen und Möglichkeiten auszuloten, wie ich Srebrenica und den Bewohnern helfen kann. Ich muss mir erst einmal ein Bild der Lage verschaffen, um richtig handeln zu können. Ich bitte euch, mich in die Stadt reinzulassen."

Er gab uns Zigaretten, und wir hießen ihn willkommen, weil wir gehofft hatten, dass endlich bessere Zeiten im zerstörten Srebrenica anbrechen würden. Der französische General fuhr nach Srebrenica, aber unsere Hoffnung wurde enttäuscht, denn die Offensive der Tschetniks verlagerte sich von Cerska in Richtung Srebrenica. Jeden Tag wuchs die Hungernot. Fast alle Vorräte waren inzwischen aufgebraucht. Die umliegenden Dörfer wurden ausgelöscht. Die

Tschetniks brachten den Tod bis in die Vororte von Srebrenica. Es blieb immer weniger Platz zum Leben. Die Menschen waren eingepfercht, und immer dann, wenn eine Granate einschlug, gab es Todesopfer zu beklagen. Mit General Morillon kamen auch zehn jüngere Soldaten, die alle im Postgebäude neben dem Krankenhaus von Srebrenica untergebracht waren. Aus diesem Krankenhaus konnte man die Schreie der Menschen hören, die ohne Betäubung, ohne Medikamente und sogar ohne entsprechende Instrumente operiert wurden. Die Ärzte amputierten Gliedmaßen mit einer Säge, mit der man vorher Eisen gesägt hatte. Aber es war der einzige Weg, Menschenleben zu retten. Das Krankenhaus war restlos überfüllt. Um die Patienten kümmerten sich die Ärzte Ilijaz, Avdo, Fatima und Branka. Die Schreie aus dem Krankenhaus hätten selbst ein steinernes Herz aufgeweicht. Das Weinen der Frauen, Mütter und Babys vor dem Postgebäude war ebenso schmerzerfüllt wie die Wunden der Patienten, die im Krankenhaus lagen.

Kapitel 5

Verlust des Vaters

General Phillip Morillon kam und ging durch die Menschenmenge zum Transporter, um nach Bratunac zu fahren. Er wolle angeblich mit den Serben verhandeln, damit sie einen Konvoi mit Nahrung und Medikamenten durchfahren ließen. Die Menschenmenge hinderte ihn daran. Als er einsah, dass er uns nicht belügen konnte, kehrte er in das Postgebäude zurück. Nach einiger Zeit erschien er am Fenster mit einem Megafon in der Hand. Er war in Begleitung von Adem und Naser Orić, dem Befehlshaber der bosnischen Streitkräfte in Srebrenica. Morillon gab bekannt, dass er soeben beschlossen hatte, dass sowohl der Verwaltungssitz als auch die Kommandozentrale der UN-Truppen für Bosnien in Srebrenica liegen solle. Damit gab er uns neue Hoffnung auf Leben. Trotzdem blieb er ein raffinierter Lügner, der nur darauf wartete, diese Stadt mit dem Elend schnellstmöglich wieder verlassen zu können. Keiner der Mächtigen dieser Welt kümmerte sich um unser Schicksal. Er war keine Ausnahme. In der gleichen Nacht versuchte er durch das Abflussrohr zu entkommen, aber die Menschen hinderten ihn erneut daran. Mit dieser Tat gab er uns zu verstehen, dass er nicht einmal den Versuch unternehmen wollte uns

116

zu retten. Er log uns beharrlich an, um die Menschenmenge zu beruhigen, damit er anschließend diese Hölle auf Erden verlassen konnte.

Mit den ersten Frühlingstagen sah man Menschen, die zwischen Srebrenica und Potočari scheinbar ziellos spazieren gingen. Ich hatte in der Stadt zu tun, so dass ich zu Fuß unterwegs war, als etwa hundert Meter vor mir in Richtung der Moschee Begića eine Granate einschlug. Eine aus einem rückstoßfreien Geschütz abgefeuerte Granate schlug schneller ein, als man sie hören konnte. Die rechte Seite des Einschlags wurde mit Qualm überdeckt. Einen Moment zuvor sah ich dort jemanden stehen. Ich warf mich auf den Boden. Aus dieser Position konnte ich dort niemanden mehr erkennen. Ohne nachzudenken stand ich auf und rannte in Richtung des Granateneinschlags. In der Zwischenzeit schlug nur einige Meter weiter eine zweite Granate erneut ein. Weder dachte ich an mögliche Konsequenzen, noch hatte ich überhaupt Zeit, an irgendetwas zu denken. Als ich dort ankam, sah ich eine verwundete ältere Frau mit einem fünf bis siebenjährigen Kind daneben. Ich warf einen Blick auf die beiden, und schon eilten andere Menschen zur Hilfe. Das Kind gab kein Lebenszeichen von sich. Ich nahm es in meine Arme und rannte los.

Ich lief anderthalb Kilometer bis zum Krankenhaus in Srebrenica. Ich nahm das Kind, ohne zu wissen wer seine Eltern waren. Die Ärzte übernahmen es, und kurz danach traf auch die Oma ein, die verletzt, aber am Leben war. Die Ärzte versuchten alles, um das Leben des Kindes zu retten. Kurze Zeit später kam die Ärztin Branka. Sie fragte mich nach meinem Verwandtschaftsverhältnis zum Kind. Ich erklärte ihr, dass ich mit dem Kind nicht verwandt war und nicht wisse, wer seine Eltern waren. Mein Ziel war es doch nur, das Kind zu retten, und deswegen brachte ich es ins Krankenhaus.

„Es tut mir leid, das Kind ist tot. Wir müssen erfahren, wer die Eltern sind", sagte sie und brach in Tränen aus.

Ich atmete schnell und laut und fand kaum Worte. In Wahrheit gab es nichts zu sagen. Noch ein Leben wurde ausgelöscht, bevor es Gottes Gaben in dieser Welt genießen konnte. Das Leben dieses unschuldigen Wesens wurde durch die Hand der Verbrecher beendet, bevor es überhaupt richtig gestartet hatte. Kurze Zeit später erfuhr ich, dass es sich bei dem Opfer um den Sohn des Kommandanten Šemso gehandelt hatte, der zwei Monate zuvor aus Cerska mit seiner Familie vertrieben worden war. Bei der Flucht wurden zahlreiche Mitglieder seiner Familie ermordet. Und nun dieser unersetzliche Verlust! Es tat mir leid, dass ich unter diesen Umständen den tapferen Šemso kennenlernen sollte.

Den Tschetniks gelang es, das freie bosnische Territorium von 900 Quadratkilometer auf 150 zurückzudrängen. Der 12. April 1993 war ein sonniger Tag mit angenehmer und warmer Brise. Die Atmosphäre war trügerisch, als ob der Krieg zu Ende gegangen sei. Die Stille ohne Bombeneinschläge gab den Menschen das Gefühl der Sicherheit. Sie trauten sich aus ihren Schutzräumen an die frische Luft. Einige spazierten die Straßen entlang, andere gingen ins Krankenhaus, um ihre Angehörigen zu besuchen, die sich dort von den Verletzungen erholten. Es war zu schön, um wahr zu sein, aber die dunklen Vorahnungen sollten sich leider sehr bald bewahrheiten. Mein Freund Kujdo fuhr mit dem Feuerwehrwagen vorbei. Er hielt an, damit wir Neuigkeiten austauschen konnten. Beli kam dazu, und wir setzen uns in den Wagen, um eine Fahrt zu genießen. Seit einem Jahr fuhr kein Fahrzeug mehr, denn es herrschte Treibstoffmangel. Der Feuerwehrwagen zog alle Blicke auf sich. Wir fuhren langsam durch die Straßen mit den Menschen, die uns erstaunt ansahen. Der Wagen erinnerte sie an bessere Zeiten und gab Hoffnung auf eine freudigere Zukunft. Leider sollte es so nicht kommen. Als wir am Stadion vorbeifuhren, sah ich Jugendliche, die Fußball spielten. An den

Tribünen bildeten sich drei Reihen Zuschauer. Sie schienen das Elend um sie herum vergessen zu haben und freuten sich über die Tore ihrer Mannschaft. Am Ende des Spielfeldes war eine Betonmauer. Ein Junge von vielleicht zehn Jahren spielte Geige und sang dort. Er wurde von Zuschauern eingeschlossen, die seine musikalische Darbietung genossen hatten. Wir durchquerten die Stadt und im Kreisverkehr beim Kaufhaus „Srebreničanka" fuhren wir zurück zum Schulspielplatz. Einen anderen Weg gab es ohnehin nicht. Als wir auf der Höhe des Schulspielplatzes waren, erschütterte eine ohrenbetäubende Explosion den Ort. Unser LKW wurde durchgeschüttelt. Kujdo gab Gas. Die Straße war frei von Passanten, da alle Schutz suchten. Es gab keine Menschenseele zu sehen, und man hörte Schreie.

Kinder und Jugendliche lagen überall auf dem Boden. Einige regungslos, einige versuchten sich in Sicherheit zu bringen, indem sie durch Blutlachen robbten. Wir stürmten aus dem LKW heraus und sahen niemanden, der nicht verletzt war. Wir öffneten alle vier Türen und luden die Verletzten auf den Wagen, damit Kujdo sie schnell ins Krankenhaus fahren konnte. Die Bewohner der umliegenden Häuser eilten uns zu Hilfe, und wir schaffen die übrigen Verletzten in das erste Haus über dem Schulspielplatz. Wir hatten keine Zeit, nach dem Zustand der Personen zu schauen, und so brachten wir einfach jeden in das Haus, sowohl die Verletzten als auch die Toten. An dem Platz, wo der Junge Geige gespielt hatte, sah ich nur Teile von menschlichen Körpern und bis zu Unkenntlichkeit entstellte Schädel. Zerfetzte Körper lagen regungslos überall auf dem Beton verteilt. Bei diesem Anblick zitterten meine Beine. Ich hatte das Gefühl, dass durch meine Ader nicht Blut, sondern Strom fließen würde. Ich kam mir hilflos vor, obwohl ich alles tat, um den Menschen zu helfen. Beli fuhr mit Kujdo zusammen. Sie kamen dann in Begleitung von einem UN-Transporter zurück, in dem wir ebenfalls die Verletzten aufluden. Ich hievte daraufhin ein etwa zehnjähriges Mädchen, das in den Bauch getroffen wurde, sowie einen etwa zweijährigen Jungen und zwei Jugendliche, die am ganzen Körper Wunden aufwiesen, auf den Transporter. Ich begleite sie ins Krankenhaus. Während der Fahrt achtete ich darauf, dass niemand vom Transporter hinunterstürzte. Von den UN-Soldaten war nur der Fahrer dabei. Die zehn anderen haben sich mit ihrem General Phillip Morillon im Postgebäude verschanzt.

Am Eingang des Krankenhauses kam uns die Belegschaft sofort entgegen. Ich trug den Jungen hinein und fragte, wo ich ihn hinlegen konnte. Man sagte mir, ich solle ihn im Flur lassen und mich zur medizinischen Untersuchung begeben. Meine Kleidung war mit Blut getränkt, weswegen man dachte, ich wäre ebenfalls selbst verletzt. Die Krankenzimmer waren überfüllt, ebenso der Flur. Die Schreie der Verletzten waren unerträglich. Es gab insgesamt 101 Verletzte, von denen in kommenden Tagen einige sterben würden. Unter den Verletzten befand sich mein Vetter Nahid Kurtić. Er war noch ein Kind, das gerade erst zu laufen begann. Er hatte eine große Wunde an der linken Hüfte. Zeitweise verlor er das Bewusstsein und schrie. Mir fehlte die Kraft zum Weinen, obwohl mir danach zumute war. Der Kloß im Hals würgte mich.

Bis spät in den Nachmittag hinein sammelten wir die Leichen auf, um sie in der Nacht auf dem Friedhof in Kazani zu begraben. Es waren 74 Tote. Die Eltern weinten um ihre Kinder. Mit unendlichem Schmerz kamen sie zu ihren Gräbern zurück, um sie zu kennzeichnen. Der Schulspielplatz war mit dem Blut der Märtyrer getränkt. Es waren alles Jugendliche, für die das Leben nicht richtig begonnen hatte. Sie wurden hungrig, durstig und fernab ihrer Häuser getötet. Ihre Körper blieben nun unter den Tannen in Kazani zurück, deren Äste in den kalten Frühlingstagen Schatten spendeten. Begraben wurden sie in der Nähe der Post, in der sich der General befand, der es nicht mal für nötig hielt herauszugehen, um nachzuschauen, was passiert war. Das Leben der unschuldigen Opfer des Schulspielplatzes wurde unter den Augen des französischen UN-Befehlshabers General Phillip Morillon ausgelöscht. Ein Soldat aus der Begleitung des lügenden Generals berichtete ihm unter Tränen, was sich ereignete hatte. Er flehte ihn an, alles in seiner Macht stehende zu unternehmen, um das Morden zu beenden. Im Gespräch mit seinem Vorgesetzten wurde entschieden, dass Srebrenica zur UN-Schutzzone erklärt wird. Vier Tage nach diesem Massaker verabschiedete die UN eine Resolution, in dem Srebrenica und Žepa entmilitarisiert werden sollten. Die Kämpfe dauerten bis zu diesem 16. April an. An dem Tag stoppte die bosnische Armee unter enormen Anstrengungen die Offensive der Tschetniks, die fast die Stadt eingenommen hätten. Während der Angriffe erteilte der serbische General den Befehl „in die Menschen zu schießen".

In den Verhandlungen zwischen dem 18. und 23. April beschlossen die Weltmächte im UN-Sitz die vollständige Entmilitarisierung von Srebrenica. Am 5. Mai wurde das Gebiet für waffenfrei erklärt. Ein Bataillon von 143 kanadischen leicht bewaffneten Soldaten wurde in der Stadt stationiert. Ihre Aufgabe war es, für die Sicherheit der Bewohner im Drinatal zu sorgen und den Prozess des Waffenstillstandes zu bewachen. An jenem 5. Mai 1993 verließ Morillon Srebrenica, das größte Ghetto der neueren europäischen Geschichte.

Die Resolution sah die Entwaffnung der bosnischen Armee vor, und im Gegenzug sollten die Tschetniks ihr schweres Geschütz 10 km von der entmilitarisierenden Zone abziehen und alle Militäroperationen einstellen.

In Srebrenica hatten die kanadischen UN Soldaten die Soldaten der bosnischen Armee entwaffnet, die ohnehin kaum Waffen hatten. Und diejenigen, die Waffen hatten, besaßen nur so viel Munition wie ein Jägerverein. Es wurden auch zwei Panzer übergeben, für die es weder Geschosse noch Treibstoff gab. Auf der anderen Seite hielten sich die Tschetniks nicht an ihren Teil der Vereinbarungen und festigten ihre Positionen nun mehr, aus denen sie auf uns schießen konnten. Wir waren bewegliche Pappfiguren, auf die man zu Übungszwecken geschossen hatte.

Die Versorgungssituation verbesserte sich spürbar, und eine trügerische Kriegspause trat ein. Durch gelegentliche Gewehrsalven wurden wir allerdings an die Realität unserer Lage erinnert. Trotzdem hätten wir nicht ahnen können, welches Unheil die Tschetniks von Mladić und Karadžić mit Unterstützung der Plünderer aus Serbien und mit Zustimmung des serbischen Parlaments für uns bereithielten. Die Lage wurde absurder, wenn man wusste, dass die Mörder von führenden Köpfen der serbisch-orthodoxen Kirche unterstützt wurden, die keineswegs daran dachten, gemäß ihrer Religion zu handeln und die Morde zu verhindern.

Konvois mit Nahrung fuhren in die Stadt hinein. Gleichzeitig wurde vereinbart, dass mit den gleichen Transportern auf dem Rückweg Verletzte nach Tuzla evakuiert werden sollten. Auf diese Weise wurden zwischen 8.000 bis 9.000 Menschen aus Srebrenica herausgebracht, darunter Schwerverletzte, aber auch Frauen, Kinder und andere Schutzbedürftige.

Etwa 100 Schwerverwundete mit kritischen Verletzungen wurden mit Hubschraubern nach Tuzla geflogen, wo ihre medizinische Behandlung fortgesetzt wurde. Ein Fall war besonders beschämend. Die UN-Soldaten wiesen den Transport eines schwerverletzten Babys ab, weil ein Journalist darauf bestand, in dem Helikopter mitzufliegen. Nach einer Stunde starb das Kind im Krankenhaus in Srebrenica. Ich erinnere mich an den Anblick, als dem Vater das tote Kind übergeben wurde. Die Schuld für seinen Tod trugen nicht nur Tschetniks, sondern auch – wie die Zukunft zeigen sollte – ihre Zusammenarbeit mit den UN-Soldaten.

Der Vater nahm sein totes Baby, setzte sich an die Bordsteinkante und drückte den leblosen Körper unter Tränen an sich. Vor Entkräftung flossen keine Tränen bei ihm. Ich beobachtete ihn, und mein Herz zersprang in tausend Stücke. Das ging mir sehr nahe, dass selbst die Luft, die ich einatmete, mir in der Lunge wehtat, als ob mich jemand mit dem Messer stechen würde. Im Krankenhaus sah man täglich solche herzzerreißenden Szenen. Ich fragte mich, wie man diesen Schmerz nur aushalten und sich trotzdem anschließend am Leben erfreuen könne.

Die Evakuierung dauerte mehrere Tage. Dadurch wurden neue Plätze für andere Verletzte im Krankenhaus frei. Das Gebäude war schwer beschädigt, Fenster wurden durch Plastikplanen ersetzt. Angemessenes medizinisches Material gab es bereits lange nicht mehr.

Trotz der eintretenden Erleichterungen wollten die Menschen diesen dicht besiedelten Ort verlassen. Im Laufe der Zeit gab es immer wieder Gruppen von Menschen, die versuchten, das freie bosnische Territorium zu erreichen. Oft erfolglos. Ihre Leichen blieben zusammen mit ihren Hoffnungen in den Wäldern um Srebrenica liegen. Einigen wenigen gelang die Flucht nach Tuzla. Als diese Nachricht bekannter wurde, wagten sich vermehrt Leute zu fliehen.

Leider scheiterte dieser Fluchtversuch sehr oft an den ersten Tretminen oder den Hinterhalten der Tschetniks.

Obwohl sich die humanitäre Lage etwas entspannte, machte mir mein Vater und seine durch Hunger verursachte Krankheit Sorgen. Man sah, wie er jeden Tag schwächer wurde. Wir alle kümmerten uns um ihn und hatten für ihn das beste Essen zur Seite gelegt, damit sein geschundener Körper genesen konnte. Leider vergebens. Der harte und schreckliche Hunger hatte seinen Organismus zerstört. Er konnte nichts mehr essen, er trank lediglich Wasser. Auch verfügten wir nicht über eine große Auswahl an Essen, denn alles war durch die UN rationiert. Wir versuchten unseren Vater zu überreden, ins Krankenhaus zu gehen, damit er untersucht werden könne. Am Ende gelang uns das sogar. Wir vertrauten den Ärzten im Krankenhaus, denn sie opferten sich für die Rettung ihrer Patienten auf. Daher hofften wir darauf, dass sie meinen Vater retten könnten.

Meine Schwester Asmira, meine Brüder Hasib und Hajro und ich gaben die Hoffnung nicht auf. Wir ließen unsere Mutter allein zu Hause zurück und machten uns zu Fuß auf den fünf Kilometer entfernten Weg mit unserem Vater ins Krankenhaus, obwohl er sich kaum auf den Beinen halten konnte. Meine Kehle schnürte sich vor Trauer zusammen, als ich den Zustand meines Vaters sah. Der Held meiner Jugend war in einem so erbärmlichen Zustand, dass sogar seine größten Feinde – hätten sie ihn gesehen - Mitleid mit ihm empfunden hätten.

Ich wollte ihn abwechselnd mit meinen Brüdern tragen, was er jedoch ablehnte. Er wollte in unseren Augen nicht weiter sinken. Sein Körper glich dem eines Skelettes, und seine Haut war wie dünne Seide. Obwohl es Juni war, war sein Körper kalt. Er lehnte es ab getragen zu werden. Ich nahm ihn unter dem Arm und versuchte eine Konversation anzufangen, die die Themen Krieg und Hunger ausklammerte. Er unterbrach mich und sagte: „Du bist jetzt das älteste männliche Mitglied der Familie und trägst die Verantwortung für sie. Du musst die Probleme, die die Familie betreffen, rechtzeitig angehen und sie lösen. Mit Gottes Hilfe lässt sich alles lösen, wenn du besonnen und ruhig handelst. Überstürze nichts."

Ich war erst 22 Jahre alt, und mein 44-jähriger Vater gab mir Ratschläge, als ob er auf dem Sterbebett läge.

„Mein Vater, denke nicht daran! Du wirst sicher schnell aus dem Krankenhaus entlassen werden. Ich habe nicht mal eine Freundin. Wie soll ich Verantwortung für die ganze Familie übernehmen? Du weißt, dass ich unerfahren bin für solch eine große Verantwortung. Das geht so nicht. Ich muss von dir noch so viel lernen und brauche deine Rat-schläge." Ich versuchte mich zu trösten und einen Eindruck der Normalität zu vermitteln. Ich war mir dem Ernst der Lage nicht bewusst.

Mein Vater kam im Krankenhaus in ein Zimmer mit ei-nem Familienfreund aus dem Nachbardorf Kraljevače. Sein Name war Idriz, und er war sehr umgänglich, besonders mit den Kindern und Jugendlichen. Er war einige Jahre älter als mein Vater und von eher kleinerer Statur. Früher hatte er ein rötliches Gesicht und graues Haar, aber die Rötung war nun verschwunden. Er lag auf seinem Bett mit angezo-genen Beinen und hielt seine Hände am Bauch.

Als er uns mit unserem Vater Sejfo sah, war er über-rascht. Trotz seiner eigenen Sorgen machte er Witze, und mit blassem Gesicht sagte er zu uns:

„Wir werden bestimmt bald aus dem Krankenhaus ent-lassen. Und wenn wir draußen sind, dass müsst ihr für uns einen Empfang wie für Staatsmänner vorbreiten. Wir kom-men schon sehr bald hier raus. In ein oder zwei Tagen."

Er versuchte dadurch Trost zu spenden, obwohl es ihm selbst nicht gut ging. Das war seine Eigenart, da er jedem Menschen ein positives Gefühl zu vermitteln versuchte. Wir wussten, dass er damit falsch lag, aber er dies tat, um die Situation zu entspannen. Uns ging es etwas besser, als wir wussten, dass unser Vater das Zimmer mit einem Bekannten teilte und einen Gesprächspartner hatte. Wir besuchten ihn jeden Tag im Krankenhaus und brachten das beste Essen mit. Ihm ging es in der Tat am dritten Tag deutlich besser, nachdem er eine Infusionstherapie bekommen hatte. Die Freude über seinen verbesserten Zustand wurde von der Nachricht getrübt, dass mein Onkel Mujo Hasanović verstorben war. Freud und Leid lagen dicht beieinander. Ihn hat der Tod seiner Mutter Safija, der er sich sehr verbunden gefühlt hatte, schwer getroffen. Oma Safija wurde in jungen Jahren Witwe und zog allein ihre vier Söhne und zwei Töchter groß. Mein Vater nahm als junger Mann die Rolle des Familienhauptes ein und half seiner Mutter bei der Haushaltsführung.

Meine Mutter besuchte mit meinen Brüdern und meiner Schwester jeden Tag unseren Vater im Krankenhaus. Meine Schwester und ich blieben dann solange, wie die Ärzte uns das erlaubten. Wir versuchten auf die Wünsche unseres Vaters einzugehen, obwohl er kaum welche hatte. Er sprach nicht viel. Er beteuerte immer, dass es ihm gut gehe, wenn er uns sah.

Als ich von den kanadischen UN-Soldaten zwei Orangen und ein paar Süßigkeiten bekam, rannte ich ins Krankenhaus, um es meinem Vater zu geben. Ich rannte die fünf Kilometer mit Leichtigkeit und dachte die ganze Zeit daran, dass die Orangen seinen Appetit fördern könnten und dass er dadurch anfangen würde, wieder normale Nahrung, die kaum noch vorhanden war, zu sich zu nehmen. Als ich ihm die Orangen gab, entgegnete er:

„Gib eine davon Idriz. Ich werde meine später essen. Ich kann jetzt nicht. Nachdem ich geschlafen habe, werde ich sie essen. Sei mir nicht böse, ich bin müde. Ich konnte wegen des Lärms auf den Fluren nicht einschlafen. Und du weißt, dass ich nicht einschlafen kann, wenn es laut ist."

Sowohl er als auch sein Zimmernachbar legten die Orangen zu Seite. Mein Vater zog die Beine an sich. Mit den Tränen in den Augen sagte zu mir: „Ich möchte jetzt gerne etwas schlafen."

„In Ordnung Vater. Vergiss bitte nicht, die Orange zu essen, wenn du aufwachst."

Beim Hinausgehen traf ich die Ärzte Pilav und Hasanović. Ich bat sie, mich über den Zustand meines Vaters zu informieren und mir die Fortschritte und die Chance auf Genesung mitzuteilen.

Doktor Ilijaz Pilav sagte: „Deinem Vater geht es nicht gut, weil er nichts isst. Der Hunger hat die Funktion seines Magens eingeschränkt, und er hat den Appetit verloren.

Wir geben unser Bestes, ihm zu helfen, aber wir haben keine Medikamente, um ihn adäquat zu behandeln. Ich hoffe, dass es ihm besser gehen wird, aber ich hege keine große Hoffnung. Wir haben schon eine beachtliche Zahl an Hungertoten und Fällen von chronischer Unterernährung. Sei stark, Hasan. Sei auf alles gefasst. Es tut mir aufrichtig leid."

Ich ging niedergeschlagen aus dem Krankenhaus, als ob mir jemand den Boden unter den Füßen weggezogen hätte. Ich hatte gehofft, so etwas nie hören zu müssen. Er ist erst 44 Jahre alt! Obwohl er stark abgenommen hatte, war er für mich jemand, zu dem ich aufschaute. Ich hoffte verzweifelt, dass er diesen Kampf gewinnen würde, so wie er aus unzähligen Kämpfen seines beschwerlichen Lebens als Sieger hervorgegangen war.

Ich traf Abdurahman, der mich nach meinem Vater fragte. Er bat mir eine Zigarette an und schlug vor, meinen Vater in seinem Zimmer nochmal zu besuchen. Ich stimmte zu, denn nach dem Gespräch mit dem Arzt verspürte ich den Wunsch, jede Sekunde mit meinem Vater zu verbringen. Ich hoffte aus der Tiefe meines Herzens, dass er wieder gesund werden würde. Ich betete, dass der allmächtige Gott auf meinen Vater aufpassen möge, damit ich noch mehr von meinem Vater lernen konnte. Während der Gebete erinnerte ich mich zeitgleich auch die Worte meines Vaters: „Jetzt musst du dich um die Familie kümmern!"

Diese Worte und das Gespräch mit Dr. Pilav über den Zustand meines Vaters schwirrten in meinem Kopf herum.

Ich ging mit Abdurahman zu dem Zimmer zurück. Man ließ uns mit dem Vorwand nicht zu ihm, dass die Besucherzeiten bereits vorbei seien und wir dem Kranken seine Ruhe gönnen sollten. Wir akzeptierten es und gingen zurück. Von dem schlechten Zustand unseres Vaters wollte ich niemandem Zuhause erzählen. Ich sagte lediglich, dass sein Zustand unverändert sei und man sich keine Sorgen machen müsse.

Ich wollte meine Familie nicht zusätzlich mit der Wahrheit belasten. Meine Mutter litt schon genug wegen uns. Sie dachte niemals an sich und kämpfte wie eine Löwin um uns. Bis heute befürchte ich, ihr diese Liebe nicht richtig zurückgegeben zu haben.

In der Nacht schlief ich kaum und grübelte, weswegen mich die Ärzte nicht in das Krankenzimmer meines Vaters ließen. Es war bestimmt etwas passiert. Bedauerlicherweise waren meine Sorgen begründet. Als ich am nächsten Tag ins Krankenhaus kam, stand die Zimmertür offen, und mein Vater lag allein. Das Bett gegenüber, in dem unser

Nachbar und die gute Seele Idriz gelegen hatte, war leer und inzwischen neu bezogen. Es wartete auf einen neuen Patienten. Mein Vater starrte wortlos auf das Bett. Obwohl er nichts sagte, fühlte ich genau, wie ihm zumute war. Er drehte sich zu uns. Mit kaum hörbarer Stimme erzählte er uns: „Idriz   ist   verstorben."
„Wann ist es passiert?" „Gestern", antwortete er.

Als ich das letzte Mal im Krankenhaus war, lachte Idriz noch und sagte, dass es ihm gut ginge. Während ich gestern die Zigarette rauchte, verlies seine Seele den geschundenen Körper. Mein Vater war sichtlich erschüttert und meinte, dass Idriz plötzlich einen Schwächeanfall erlitten hatte und dann starb. Er hatte Angst, dass ihn nun das gleiche Schicksal ereilen würde. Vater blieb allein in seinem kleinen Krankenzimmer. Da gab es nichts zu sehen außer zwei alten Tannen, deren Äste im Wind schaukelten.

Wir sahen uns für einige Minuten wortlos an. Ich suchte verzweifelt nach einem Thema, um meinem Vater die Situation erträglicher zu machen und ihn wissen zu lassen, dass wir ihn nicht im Stich lassen würden. Er unterbrach meine Gedanken und sagte: „Ihr müsst nicht länger bleiben, wenn ihr nicht wollt. Ich schaffe das schon."

Ich entschied mich, mit ihm im Krankenhaus zu bleiben und merkte ihm an, dass er über meine Entscheidung glücklich war. Trotzdem starrte er weiterhin auf das leere Bett.

„Mein guter Freund hat diese Welt verlassen. Er war lange Zeit krank und hatte Probleme mit der Lunge. Er war ein junger und guter Mensch. Wirklich schade."

Ich war mir bewusst, dass die Trauer um seinen Freund an seiner Seele nagte, denn Idriz war nur drei oder vier Jahre älter als er. Mein Vater tat mir leid, und ich musste einen Weg finden, dass jemand von uns immer beim ihm im Krankenhaus blieb.

Ich begleitete meine Mutter und tröstete sie, dass alles gut werden würde, obwohl ich selbst an der Genesung unseres Vaters zweifelte. Vater nahm stark ab, und der Anblick war furchterregend. Ich trug Mutter auf, sie solle Hasib oder Hajro ausrichten, mich hier abzulösen, wenn es einer von den beiden einrichten könne. So blieb ich die ganze Nacht bei ihm. Wir redeten lange miteinander, und ich versuchte seine Aufmerksamkeit von dem abzulenken, was aktuell vor sich ging. Von Zeit zu Zeit kam einer der Ärzte, um nach ihm zu schauen, ihm Trost zu spenden und Hoffnung zu geben, aber nicht wirklich, um ihm helfen zu können. Das Einzige, was sie noch für ihn tun konnten, war die Infusionstherapie, die seinen ermüdeten Körper noch am Leben hielt. Ab und zu kam jemand von der Verwandtschaft, Freunde oder Nachbarn vorbei, um nach ihm zu sehen. Das gab unserer ganzen Familie Kraft und Unterstützung in diesen wirklich schweren Tagen.

In der langen Nacht dachte ich über alles nach. Mir tat Idriz, sein Bettnachbar, leid. Die Ankunft seiner Familie im Krankenhaus verstärkte das Gefühl der Trauer. Sie kamen, um den Leichnam zu übernehmen. Ich begrüßte sie stumm, indem ich nickte. Sie fragten, wie es meinem Vater ginge. „Gut!", antwortete ich kaum hörbar, obwohl das gar nicht stimmte.

Irgendwie überstand ich diese Nacht, in der ich viel nachdachte und grübelte. Kurz vor dem Sonnenaufgang ging ich aus dem Zimmer und traf Dr. Pilav, der sich unermüdlich um alles kümmerte, von chirurgischen Eingriffen bis zu den Verbandswechseln. Oft hatte er nicht einmal Zeit für eine Essenspause. Ich hielt ihn an, um ihn zu begrüßen und sprach ihn auf den Gesundheitszustand meines Vaters an. Er meinte, dass sein Befund besser sei als sein augenscheinlicher Zustand vermuten lässt und dass er oft von seiner Mutter und ihrem Tod rede. Trotz seines Zustandes befürchtete der Arzt, dass er es nicht schaffe, weil er zu unterernährt und ausgemergelt sei.

„Wir haben schon einige, die an den Folgen des Hungers gestorben sind. Ich wünsche mir, dass es dein Vater schaffen wird, aber du musst auf alles vorbereitet sein. Und sei standhaft! Es tut mir leid."

Er reichte mir seine Hand, die vom blutigen Ärmel seines Arztkittels bedeckt war und drückte meine Hand fest. Dann klopfte er mir an die Schulter, schaute mich an und sagte: „Ich muss weiter. Eine Beinamputation bei einem Soldaten vornehmen. Das fällt mir schwerer als der Tod. Sprich ein Gebet für deinen Vater und uns alle!"

Seine Worte trafen mich. Durch meinen Kopf schoss wieder der Satz meines Vaters: „Du bist jetzt für die Familie verantwortlich. Sei weise und gerecht! Kümmere dich um deine Mutter, Schwester und die Brüder!"

Mein Atem stockte. Ich sagte einige Verse aus dem Koran auf, an die ich mich zuerst erinnern konnte. Ich bat Gott um Beistand und dass die ganze Situation für uns gut ausgehen möge. Ich sah keinen anderen Ausweg als zu beten und Gott zu bitten, meinem Vater die Sünden zu verzeihen, falls er welche gehabt haben sollte. Ich musste meine Ängste vor der restlichen Familie verbergen. Im tiefsten Inneren hoffte ich immer noch darauf, dass er tatsächlich gesund werden würde.

Meine Schwester löste mich ab. Tagsüber war sie bei unserem Vater. Ich blieb während der Nacht bei ihm. Die Schreie und Rufe, die man wegen der betäubungslosen Amputationen und Operationen hörte, waren tagsüber irgendwie leichter zu ertragen. Blutgeruch lag in der Luft, und die Patienten ließen die Operationen standhaft über sich ergehen. Die Ärzte arbeiteten am Limit. Obwohl sie gegen Müdigkeit anzukämpfen hatten, leisteten sie hervorragende Arbeit und retteten so zahlreiche Menschenleben. Am Ende des Ganges befand sich die Neugeborenenstation, in der neues Leben anfing. Das Weinen der Babys gab uns Hoffnung, dass nicht alles schwarz war und dass wir es als Gemeinschaft schaffen würden.

In kommenden zwölf Tagen wechselten wir uns am Bett meines Vaters ab, aber sein Zustand wurde immer schlechter. In diesen Tagen litten wir unter chronischer Ermüdung, denn nach dem Besuch im Krankenhaus warteten andere Verpflichtungen auf uns, die keinen Aufschub zuließen. Meine Schwester bestand darauf, dass wir uns ausruhten. Sie wolle die Nachtschichten übernehmen. Dem stimmten wir zu.

Am 24.06.1993 verrichtete ich das Mittagsgebet und ging ins Krankenhaus. Der Zustand meines Vaters war unverändert schlecht. Ich ging in sein Zimmer und war überrascht, als ich ihn lächelnd vorfand. Dieses Lächeln habe ich fast vergessen. In diesem Moment war es das Kostbarste für mich. Ich löste meinen Bruder Hajro ab, der bis zu diesem Zeitpunkt bei ihm war.

„Möge Allah seine Lage erleichtern", sagte Hajro. Trotz Müdigkeit und Hunger musste Hajro nach dem Krankenhausbesuch seinen Dienst beim Militär aufnehmen. Wir wünschten uns gegenseitig Glück und Gottes Segen und lösten uns ab.

Als ich mich an das Bett meines Vaters gesetzt hatte, sprach er: „Kannst du dir vorstellen, mein Bruder Ramo geht die ganze Nacht um das Krankenhaus und schießt? Ich weiß nicht, was mit ihm los ist. Du musst ihn finden und ihm sagen, dass ich wegen des Lärms nicht schlafen kann. Und er soll die Munition nicht umsonst verschießen. Die Soldaten können es gut gebrauchen."

Natürlich ging Onkel Ramo nicht umher und schoss herum. Mein Vater war dabei seinen Verstand zu verlieren. Es sah nicht gut aus, und ich machte mir Sorgen. „Woher weißt du, dass es Ramo war?"

„Ich kenne ihn, mein Sohn. Ich habe ihn an seiner Stimme erkannt. Und meine Mutter hat mich hier im Krankenhaus besucht und mich gefragt, ob ich bald entlassen werde. Es gibt viel zu tun zu Hause. Ich habe ihr gesagt, dass ich morgen nach Hause gehe und nicht mehr in dieses Krankenhaus gehöre. Ich habe es satt, hier zu liegen."

In der Stille hörte ich die Worte meines Vaters. Ich weinte, drehte dabei meinen Kopf zu Seite, damit er meine Tränen nicht sah.

„Weißt du, mein Sohn … ich habe Appetit auf Kirschen bekommen. Ich denke, ich könnte ein Kilo davon aufessen. Und ein Stück Fleisch! Was immer auch danach passieren mag."

Er packte mich, und mit seiner schwachen Hand presste er meine. „Ich würde jetzt gerne etwas schlafen." Während er schlief, bekam er Besuch. Die Menschen kamen leise in sein Zimmer und sahen ihn, wie er da auf dem Rücken und mit angezogenen Beinen lag. Im Gesicht war er blass, und das Leben wich langsam aus ihm.

Ich ging aus dem Krankenhaus und machte mich auf die Suche nach Kirschen. Wir hatten Juni. Es war schwer, welche zu finden. Trotzdem hatte ich Glück. Im Dorf Gostilj beim Jäger Fikret gab es welche. Ich bat ihn, einige pflücken zu dürfen. Er erlaubte es mir und erkundigte sich nach dem Zustand meines Vaters.

Während ich die Kirschen pflückte, erzählte ich ihm unter Tränen, dass es ihm nicht gut ging und dass ich befürchtete, dass dies sein letzter Wunsch war. Fikret wies mich zurecht, ich solle keinen Unsinn erzählen, denn mein Vater sei jung. Alles würde wieder gut werden.

Schnellen Schrittes legte ich die drei Kilometer bis zum Krankenhaus zurück, um meinem Vater die Kirschen zu bringen. Er schlief, aber eine Träne kullerte an seinem Gesicht herunter. Ich wusch sie sanft ab, um ihn nicht zu wecken. Er schlief bis zum Abend. Meine Schwester kam, um mich abzulösen. Ich gab ihr die Kirschen und bat sie darum, unserem Vater auszurichten, dass die Kirschen von Fikret stammten.

Ich ahnte nicht, dass dies mein letztes Treffen mit meinem Vater war. Ich umarmte ihn wie nie zuvor, und er drückte mich an sich. Ich spürte die Kraftlosigkeit in seinen Händen und die Kälte seines Körpers.

Meine Schwester kam mit mir in den Flur hinaus. Ich erzählte ihr alles und bat sie, sich keine Sorgen zu machen. Sie sollte die Ärzte herbeirufen, falls es ihm schlechter ginge. Ich verabschiedete mich von den beiden und ging dann nach Hause. Ich sagte meiner Mutter nichts, aber meine Niedergeschlagenheit sprach Bände. Sie ahnte, dass die Lage ernst war.

Am nächsten Tag nach dem Morgengebet ging meine Mutter Richtung Srebrenica. Ich schaute ihr wortlos hinterher und betete um göttlichen Beistand. Ich hoffte, dass sich alles noch zum Guten wenden würde.

Der Tod war allgegenwärtig. Man hörte immerfort, wie jemand starb, getötet oder verletzt wurde. Wir haben uns an den Tod gewöhnt und waren bereit, die Nachricht darüber gefasst aufzunehmen, wenn jemand von unseren Angehörigen gestorben war.

Darin täuschte ich mich aber. Mein Kopf blieb nicht kühl, und ich konnte es auch nicht gefasst aufnehmen. Meine Schwester rief an, dass ich sie vom Krankenhaus abholen solle. Ich ahnte, was passiert war. Meine Worte hätten sie nicht trösten können, aber ich war nicht einmal im Stande, einen Ton herauszubringen. Als wir schließlich wieder nach Hause gingen und meine Mutter sich hinsetzte, kamen bereits Nachbarn und Nachbarinnen, um Trost zu spenden. Sie fragten uns, wie sie helfen konnten. Wahrlich, die schlechten Nachrichten verbreiten sich sehr schnell.

Die Stütze in meinem Leben war nicht mehr da. Ich fühlte mich so hilflos. Trotzdem musste ich funktionieren. Ich musste mich um die Beerdigung kümmern und den Leichnam aus dem Krankenhaus überführen. Mit den Worten, dass es wohl unser Schicksal sei und wir alle standhaft sein müssen, verabschiedete ich mich von Zuhause, um die Formalitäten zu erledigen. Wir hatten nichts, und ich wusste auch nicht, was man alles in einem Todesfall bedenken musste.

Ich trug meinen Brüdern noch auf, sie sollten Bretter vorbereiten, die wir bei der Beerdigung über den Körper unseres Vaters legen würden. Und sie sollten Nevres bitten, ihnen zu helfen. Onkel Ramo sollte ein Laken bringen, mit dem wir meinen Vater einhüllen werden. Meine Schwester bat ich, warmes Wasser in ausreichender Menge bereitzustellen, um den Leichnam unseres Vaters damit zu waschen.

Gemeinsam mit unserem Nachbar Smail fuhren wir mit dem Pferdewagen, um den Leichnam in Empfang zu nehmen. Außer Pferdewagen gab es keine andere Transportmöglichkeit.

Vor dem Krankenhaus warteten Azem und Vahid, meine Onkel mütterlicherseits. Dr. Pilav kam zu mir und sagte mit gedämpfter Stimme: „Das gehört zum Leben. Sei tapfer und halte durch!" Er streckte seine Hand aus, ermüdet von den zahlreichen, laufenden Operationen. Er zeigte auf den Körper meines Vaters und gab mir eine Trage, um ihn darauf zu legen.

Ich verlor bei der Berührung von dem kalten und lächelnden Gesicht meines Vaters die Kraft, und der Mut verließ mich. Meine Tränen flossen. Ich umarmte meinen Vater und ahnte, dass mir schwere Stunden bevorstehen würden. Ich küsste ihn und verzieh ihm jeden Klaps, den er mir gegeben hatte. Ich verzieh ihm alles, obwohl es nichts zu verzeihen gab. Er tat alles, um uns das Leben zu erleichtern. „Du warst ein guter Vater. Möge Allah sich deiner erbarmen und dich ins Paradies eintreten lassen."

Mit Mevludin und meinen Onkel hoben wir den leichten Körper meines toten Vaters. Er starb, ohne einer Fliege etwas zuleide getan zu haben. Hätte man die Hilfskonvois nicht daran gehindert, in die Stadt zu gelangen, wären er und viele andere jetzt immer noch am Leben. Wir deckten seinen Körper mit einer Decke zu, die einer meiner Onkel mitgebracht hatte. Dann trugen wir ihn aus dem Krankenhaus heraus und legten ihn auf den Pferdewagen. Ich bat meine Onkel darum, schon einmal mit ihm loszufahren, während ich noch zu Imam ging, um das Begräbnis zu besprechen.

Das Gespräch dauerte nicht lange, daher holte ich sogar noch den Pferdewagen vor dem Dorf wieder ein. Der Moment, als wir ihn ins Haus trugen und ihn Richtung Mekka drehten, war unbeschreiblich traurig. Die stillen Tränen der

Familienangehörigen sagten alles. Die Nachbarn trösteten uns und versprachen jede erdenkliche Hilfe. Die einen halfen bei der Totenwaschung in der baufälligen Ruine des Hauses, die anderen schaufelten zusammen mit mir das Grab. Selbst in dieser Situation ließen uns die Tschetniks nicht in Ruhe und schossen vom Berg Čauš auf uns. Wir duckten uns für einen Moment, um danach weiter zu graben. Meine Mutter, unsere Nachbarin Šuhra und der Imam Alija bereiteten das Leichentuch vor.

Den toten Körper meines Vaters legten wir auf einen improvisierten Tisch in der Ruine. Zusammen mit dem Imam wusch ich seinen Körper. Ich spürte eine Last auf meinen Schultern, die mich nach unten drückte. Es fühlte sich so an, als ob ich hinfallen würde und nicht mehr aufstehen könnte.

Wir beschlossen, das Totengebet nicht am Grab, sondern vor dem Haus zu verrichten, denn das Grab befand sich an einer gut sichtbaren Stelle für die Tschetniks. Anschließend trugen meine Brüder, Nevres, Onkel Ramo, Mevludin und ich den Leichnam über die mit Holunder und Brennnessel zugewucherte Wiese, die uns einen scheinbaren Schutz verschaffen sollte. Wir gingen nicht durch das Tor in den Friedhof hinein, sondern kletterten über den Zaun. Meine Brüder und ich legten seinen Körper ins Grab. Er fand seine letzte Ruhe neben seinen Eltern Safet und Safija.

Hasib und Hajro kletterten aus dem Grab heraus und versteckten sich hinter dem alten Birnenbaum. Nevres kam und gab mir die Bretter an. Während ich sie aufstellte, flogen bereits Kugeln über unsere Köpfe und trafen die Grabsteine auf dem Friedhof.

Plötzlich kamen zwei UN-Transporter und boten uns Schutz an, damit wir das Grab würdig zuschaufeln konnten. Wir beeilten uns. Bald stand ein Grab mit unmarkierter Holzlatte und ohne Namen. Wir hatten keine Gelegenheit, sein Grab zu kennzeichnen. Sobald sich die erste Gelegenheit bieten würde, wollten wir es nachholen. Ich bat die Anwesenden um das letzte Gebet für meinen Vater. Wir sprachen einige Verse aus dem Koran und verließen den Friedhof, um uns nicht länger der Gefahr des Beschusses auszusetzen. Dann dankte ich den kanadischen Soldaten für ihre Hilfe.

Die Kanadier machten von ihren Rechten Gebrauch, aber nicht in vollem Umfang. Sie unternahmen nicht alles, um uns zu beschützen und stoppten auch nicht das abfällige Gebaren der Tschetniks, die sich an keine Abmachung hielten und den Waffenstillstand missachteten.

Ich ging wortlos nach Hause und setzte mich neben die Nachbarn, die meinem Vater die letzte Ehre erweisen wollten. Im Haus herrschte Stille. Imam Alija betonte, ich müsse jetzt stark sein und mich um die Familie kümmern.

„Du kannst das, und du musst das! Kümmere dich um deine Familie und gehe ihnen zu Hand!"

Wir blieben bis tief in die Nacht, um im Schutz der Dunkelheit den Weg nach Hause einzuschlagen. Für uns hieß es, in das alte, aber warme Haus von Onkel Nazif in Pećišta zurückzukehren.

Ich gab mir Mühe gefasst zu bleiben, um die Familie zu trösten – aber erfolglos. Ich weinte wie sie alle. Gleichzeitig dachte ich mir, ich lasse die Trauer für diesen einen Tag zu und ab morgen würde ich meine Aufgaben als neues Familienoberhaupt wahrnehmen. Ich wiederholte, dass es Gottes Wille war und dass es so kommen musste. Ich tröstete meine Mutter damit, dass sie drei gesunde Söhne und eine Tochter hatte, obwohl ich nicht nachempfinden konnte, wie ihr zumute war. Da der Tod zu unserem Alltag gehörte, erwartete ich, dass ich mit dem Tod meines Vaters besser umgehen hätte können, aber da täuschte ich mich. Der Schmerz wurde größer, je mehr Tage vergingen. Ich war gezwungen, endlich erwachsen zu werden und die Verantwortung meines Vaters zu übernehmen, die jahrelang auf seinen Schultern lastete. Nun kam die Zeit Dinge zu erlernen, die mir mein Vater hätte beibringen sollen. Sein Tod beschleunigte meinen Erwachsenwerden. Meine unbeschwerten Jugendtage lösten sich auf wie die Nacht im Morgengrauen.

Kapitel 6

Familiengründung

Aber das Leben ging weiter. Nur einen Monat nach dem Tod meines Vaters lernte ich die Frau kennen, die bis heute meine Lebensbegleiterin geblieben ist.

Wir waren jung und bereit, eine Familie während des schwierigsten Abschnitts unseres Lebens zu gründen. Wir trafen uns, saßen auf der Parkbank und schauten den Menschen hinterher, die scheinbar ziellos durch Srebrenica irrten wie Gefangene während ihres Hofganges. Wir spazierten nicht herum, da wir Angst vor Heckenschützen und Granatenangriffen hatten.

Meine zukünftige Ehefrau hatte bereits die Hölle hinter sich. Zwei Mal wurde sie vertrieben und stand vor dem sicheren Tod. Das erste Mal war es aus dem Dorf Kostijerevo im Jahr 1992. Ein Jahr später kam die Vertreibung aus Cerska. Mit 16 Jahren überlebte sie die sogenannte „ethnische Säuberung", als die Tschetniks in Kostijerevo bereits vor dem Gartentor standen. Sie überlistete ihre Verfolger mit dem Vorwand, ihre Mutter zu holen, die auf dem Acker Feldarbeiten verrichtete. Dabei flüchtete sie stattdessen mit ihr, ihrem Bruder und seiner Frau nach Cerska. Alle, die es nicht geschafft hatten zu fliehen, wurden in ein Sammellager gebracht, das die Tschetniks und lokale Serben in der Grundschule errichtet hatten, von wo aus die meisten spurlos verschwanden.

Zahlreiche Menschen wurden dort ermordet. Viele bosniakische Frauen wurden vergewaltigt. Die Getöteten fand man nicht. Viele von ihnen wurden in den Fluss Drina geworfen.

Als der neue Zufluchtsort Cerska dann in serbische Hände fiel, flüchtete sie erneut mit ihrer Mutter nach Srebrenica. Ihrem Bruder gelang es, sich nach Tuzla durchzuschlagen, wo er seine Frau und ihren Sohn fand.

Im Gegensatz zu den herkömmlichen Gesprächsthemen wie Liebe und Glück beinhalteten unsere Unterhaltungen die Schrecken des Krieges, den Tod, den Hunger und die Überlebensstrategien in Zeiten des Hungers. Der Hunger war schlimmer als die Kugeln und Granaten.

Trotz aller Widrigkeiten heirateten Hajra und ich inmitten des Kriegsgeschehens am 28.08.1993. Wir hofften darauf, glücklicheren Zeiten entgegenzuschauen, weil Srebrenica nun entmilitarisiert worden war. Unser Zuhause war ein altes, aber zumindest warmes Haus, in dem wir unser gemeinsames Leben starteten. Die Kämpfe wurden zwar weniger, aber der Hunger führte zur totalen Erschöpfung.

Wir hatten es gewiss nicht leicht, trotzdem waren wir glücklich miteinander.

Meine Schwiegermutter blieb in der Flüchtlingssammelunterkunft. Sie teilte sich ein Zimmer mit ihren Nachbarinnen aus dem Heimatdorf. Wir besuchten sie oft. Die engen Zimmer des Hochhauses waren überfüllt vor lauter Menschen. Die Umstände zwangen die fremden Menschen dazu, wie eine Familie zu agieren. Meine Schwiegermutter machte sich anfangs Sorgen um ihre Tochter. Sie kannte mich kaum und hielt unsere Ehe für eine Spinnerei. Mit der Zeit akzeptierte sie mich aber wie ihren Sohn.

Die Ehe brachte zusätzliche Schwierigkeiten, denn wir hatten kein Essen, kein eigenes Heim. Neben allen Verpflichtungen, die ich von meinem Vater übernehmen musste, kam nun meine eigene Familie noch hinzu. Trotz alldem blickte ich hoffnungsvoll in die Zukunft. Um nicht nutzlos und untätig herumzusitzen, entschloss ich mich, für den Kurs des Rettungssanitäters einzuschreiben. Die Ausbildung schloss ich erfolgreich ab und fing an, als freiwilliger Sanitäter in der Ambulanz von Potočari zu arbeiten. Es war eine verkürzte Ausbildung, die nur sechs Monate andauerte. Meine Tätigkeiten umfassten den Verbandswechsel, das Injizieren von Spritzen und das Anlegen von Infusionen. Aufgrund des Fachkräftemangels nähte ich schließlich sogar selbstständig Wunden.

Es waren harte und gefährliche Zeiten voller Entbehrungen. Sehr bald wurde meine Frau schwanger. Wir waren noch zu jung, um zu erkennen, wie verantwortungsvoll und fordernd die Rolle als Eltern war.

Die wenige freie Zeit, die mir übrigblieben war, nutzte ich, um das Land zu bestellen, Weizen und Gemüse anzupflanzen, um etwas Essen zu haben. Einmal kam ich am Ende eines anstrengenden Tages nach Hause, und meine Frau Hajra hatte große Schmerzen. Sie wusste nicht weswegen. Es waren starke Bauchschmerzen. Ich selbst war mit der Situation überfordert. Meine Mutter war zu dieser Zeit in Likari. Es war noch nicht die errechnete Geburtszeit, denn Hajra war erst im siebten Monat schwanger. Ich rief unsere Nachbarin Mensura zu Hilfe. Sie war Mutter zweier Kinder, und ich vertraute auf ihre Erfahrung. Nachdem sie mit Hajra gesprochen hat, riet sie mir:

„Du musst sie ins Krankenhaus bringen. Sie liegt in Wehen. Es ist zwar früh, aber es kommt vor."

Mit gemischten Gefühlen der Freude und der Angst rannte ich wortlos aus dem Haus. Ich betete um eine leichte

Geburt. Gleichzeitig fürchtete ich mögliche Geburtskomplikationen. Ich spürte große Angst, hatte aber keine Zeit, Gedanken daran zu verschwenden, denn ich musste schnell handeln und ihr helfen.

Ich lief zu meinem Vetter Kiram, der uns mit seinem LKW in das Krankenhaus fuhr. Schnell kamen wir dort an, und eine ermüdete Ärztin empfing uns. Die Untersuchung dauerte nur eine halbe Stunde. Mir kam sie vor wie ein Jahr. Dr. Fatima sagte mir, dass ich nach Hause gehen könne. Es handle sich um eine normale Geburt, jedoch kann man nicht wissen, wann es so weit sei.

Ich verließ das Krankenhaus und ging zuerst zu meiner Schwiegermutter, um ihr zu berichten, dass sie bald Großmutter sein würde. Sie wunderte sich und machte sich Sorgen, denn es war für die Geburt noch früh.

Dann ging ich nach Hause. Vor Aufregung und Sorge konnte ich kein Auge zu machen. Am nächsten Tag machte ich mich noch vor dem Sonnenaufgang auf den fünf Kilometer langen Weg zu Fuß Richtung Krankenhaus. Unterwegs betete ich die ganze Zeit für die Gesundheit meiner Frau und die des Kindes.

Bei der Ankunft teilte mir die Ärztin Fatima mit, dass ich Vater eines Jungen, den sie „Däumling" nannte, geworden war. Mein Sohn Haris wurde am 31.03.1994 geboren. Bei der Geburt wog er gerade mal 1.810 g. Er war so winzig, dass er eigentlich in den Brutkasten gemusst hätte, aber so etwas gab es in Srebrenica nicht. Das Krankenhaus wurde nicht einmal mit Strom versorgt, und es gab nicht ausreichend Medikamente für die Patienten.

Ich ging in das Zimmer meiner Frau. Neben ihr lag ein winziges Wesen mit einem schönen Gesicht. Das einzige, was ich meiner Frau als Geschenk geben konnte, war der Ausdruck meiner Freude, den ich mit ihr teilte. Sie war 17, und ich war 20 Jahre. Nun waren wir Eltern, und ein neuer Lebensabschnitt lag vor uns.

Mein Sohn musste für einige Tage zur Beobachtung im Krankenhaus bleiben. Dann wurden meine Frau und er entlassen. Es sah nicht sehr vielversprechend aus. Wir gingen zu Fuß nach Hause. Hajra war erschöpft, aber irgendwie schafften wir es, nach Hause zu kommen. Nach nur zwei Tagen kehrten wir wieder ins Krankenhaus zurück, da es Haris nicht gut ging. Sein Gesicht wurde blasser. Er nahm ab und wog nur noch 1.660 g. Die Ärzte teilten uns mit, dass er im Krankenhaus bleiben musste. Sie planten, ihn durch eine Sonde zu ernähren. Ich machte mir nicht nur Sorgen um den winzigen Körper meines Sohnes, sondern auch darum, wie meine Frau diese Situation psychisch verkraften würde. Wir stimmten der Behandlung zu, denn wir sahen keinen anderen Ausweg. Die Ärzte waren nicht sehr optimistisch, weil er weniger als 2 kg wog. Ohne entsprechende Behandlung hegte niemand die Hoffnung, dass er es überleben würde. Sein Leben lag in Gottes Händen, der ihm auch das Leben geschenkt hatte.

Die Sonde wurde durch seine Nase eingeführt, die dann in den Magen führte. Jede Stunde bekam er etwa 5 ml Hagebuttentee und 5 ml Muttermilch, bis er Gewicht zunahm.

Meine Frau nahm die Situation tapfer an und mobilisierte ihre letzten Kraftreserven. Die Nächte verbrachte ich bei beiden, um meiner Frau die Last ein wenig abzunehmen, denn sie musste stündlich unseren Haris füttern. Er schlief, ohne sich zu rühren. Nur anhand seines Atems erkannten wir, dass er noch lebte. Er weinte nicht, als ob er wusste, dass seine Mutter ihm dafür dankbar war, um sich auszuruhen.

18 Tage nach seiner Geburt entschieden die Ärzte, die Sonde zu entfernen, um nachzuschauen, ob Verbesserungen eingetreten waren und ob er in der Lage war, die Nahrung auf natürlichem Weg aufzunehmen. An dem Tag sammelte ich Brennholz im Wald und hatte danach die Absicht, zu ihnen ins Krankenhaus zu fahren. Meine Schwiegermutter rief nach mir und sagte, ich müsse sofort aufbrechen, denn der Zustand meines Sohnes habe sich verschlechtert.

Allein die Tatsache, dass sie zu Fuß aus Srebrenica zu uns nach Pećišta gekommen war, ließ mich erahnen, dass die Lage ernst seien musste. An ihrem Gesicht sah ich, dass sie etwas vor mir verbarg und dass die Situation viel schlimmer war, als sie zugab.

Ich brach sofort mit ihr auf. Unterwegs versuchte sie mich davon zu überzeugen, dass sich der Zustand zwar verschlechtert habe, aber nichts Dramatisches vor sich ginge. Ich wurde immer unruhiger und dachte bereits an das Schlimmste. Unterwegs traf ich Sead aus Ljeskovik, der mich nach meinem Sohn fragte und wissen wollte, welchen Namen ich ihm gegeben hatte. Ich war gedanklich verloren und antwortete, dass ich meinen Sohn nach ihm, Sead, benannt hätte, was überhaupt nicht stimmte. Er umarmte mich und sagte, dass es der schönste Name sei. Er richtete Segenswünsche an meinen Sohn, wofür ich ihm dankte und setzte meinen Weg fort.

Auf dem Flur traf ich meine Frau, die in Tränen aufgelöst war. Der Arzt wollte den winzigen Körper unseres Sohnes längst in einen Karton legen, um ihn für die Beerdigung freizugeben. Hajra ließ es nicht zu, bis ich im Krankenhaus eingetroffen war. Die Ärzte trösteten sie damit, dass sie jung sei und sie immer noch Kinder kriegen könne. Als sie mich ansah, sagte sie unter Tränen: „Unser Sohn ist tot. O Allah, rette unser Kind!" Sie war untröstlich. Mir blieb der Atem weg, das Blut in meinen Adern gefror. In meinem Kopf überlegte ich die nächsten Schritte, aber da war nur die Leere. Ich riss mich zusammen, denn ich sah, wie meine Frau und ihre Mutter sich in den Armen lagen. Ich musste irgendetwas unternehmen, um die Situation zu bewältigen.

Ich ging in das Zimmer hinein und sah, wie Haris auf dem Schoss einer älteren Frau lag, die ihn schaukelte. Sie las Verse aus dem Koran vor. Er war blass und winzig klein. Sie schaute zu mir auf und beteuerte: „Er lebt! Soeben hat er seine Hände bewegt."

Ich rannte den Flur hinunter, um einen Arzt zu holen. Es war anscheinend nicht Schicksal, dass Haris in jenem Moment sterben sollte. Ich verlangte, dass man Haris in meiner Anwesenheit erneut untersuchen sollte und erzählte den Ärzten, dass eine Oma gesehen habe, wie er die Hände bewegt hatte.

Dr. Ejub kam ins Zimmer und legte sein Stethoskop an meinen Sohn. Plötzlich rannte er hinaus und rief nach Hasib, dem medizinischen Assistenten.

„Nimm eine Herzmassage vor. Das Kind lebt." Es war wohl ins Koma gefallen, was den klinischen Tod verursacht hatte.

Nach fast sechs Stunden wurde unser Haris reanimiert. „Es ist unglaublich", sagte Dr. Ejub. Eine der Krankenschwestern entfernte fast unbemerkt den Karton aus dem Zimmer. Danach legten sie ihm die Sonde wieder an. Der kleine Held weinte mit kaum hörbarer Stimme. Uns allen fiel ein Stein vom Herzen.

Ich blieb bei meiner Frau und meinem Sohn. Meine Schwiegermutter ging nach Hause und versuchte etwas Schlaf zu bekommen.

Dieser Tag war nun wie der zweite Geburtstag von Haris. Er gewann an Gewicht, so dass er nach 33 Tagen etwa 2,2 kg wog. Die Ärzte entließen ihn aus dem Krankenhaus, weil die Behandlung abgeschlossen war und sein Zustand sich stabilisiert hatte. Der kleine Däumling hatte es geschafft. Es war nicht sein Schicksal zu sterben, sondern weiterzuleben. Mein Glück kannte keine Grenzen. Ich war unendlich froh, denn die Freuden mit dem Sohn minderten den Schrecken des Krieges und die Trauer um die toten Verwandten, die uns entrissen wurden.

Gemäß unserer Tradition kamen Verwandte, Nachbarn und Freunde, um das neue Familienmitglied willkommen zu heißen und um uns zu gratulieren. Es war Krieg, daher mangelte es an allem, aber die Glückwünsche kamen aus tiefstem Herzen. Das war das beste Geschenk, das man im

Krieg bekommen konnte. In diesen schweren Zeiten war die Geburt ein Anlass zur Freude aller. Daher sprachen alle ihre Segenswünsche für das Neugeborene aus.

Die Tradition verlangte es, dass die Eltern jemanden auswählten, der das Neugeborene in die Wiege legte. Ohne zu zögern bestimmten meine Frau und ich meinen Bruder Hasib für diese Aufgabe, der sich darüber sehr freute. Es gab so zwei Freudenmomente für ihn, denn einerseits war er Onkel geworden und andererseits war er nun auch der Patenonkel seines Neffen. Damit meinem jüngeren Bruder auch eine entsprechende Bindung mit Haris zuteilwurde, beschlossen wir, ihn mit einer anderen Tradition zu ehren. Er sollte Haris an seinem ersten Geburtstag eine Haarsträhne abschneiden dürfen.

Hasib nahm das kleine Wesen in seine Hände. Sehr vorsichtig und unter dem Ausruf Gottes Namen legte er Haris in die Wiege. Mein Sohn schaute seinen Onkel neugierig an und fasste ihn ans Gesicht. Es wirkte, als ob er der Auswahl seines Patenonkels zustimmte, aber auch nun in Ruhe gelassen werden wollte, weil ihm der Trubel zu viel wurde.

Mit Wehmut dachte ich an meinen Vater, der ein stolzer Opa gewesen wäre. Haris wäre sein erster Enkel. Er war die Hoffnung, dass der Fortbestand der Familie Hasanović gewährleistet wird.

Unser Überlebenskampf setze sich nun mit unserem neuen Familienmitglied fort, das kaum kräftig genug war, um seine winzigen Arme und Beine zu bewegen. Obwohl sich die Versorgungslage von Tag zu Tag verschlimmerte, wurden wir glücklicher. Unsere Sorge galt Haris. Wir überlegten uns, wie wir unter diesen Umständen für ihn die beste Nahrung beschaffen konnten. Die Zeit schien stehengeblieben zu sein. Wir waren von der Außenwelt abgeschnitten und lebten in einem offenen Lager, in dem uns die Invasoren aus Serbien hielten, die von den einheimischen Tschetniks aus Bosnien unterstützt wurden. Man konnte auch kein Licht am Ende des Tunnels erkennen. Mit der Ankunft der holländischen UN-Soldaten, die die kanadischen ablösten, verschlechterte sich die Situation nur weiter.

Die Konvois der humanitären Hilfe, der Essenszustellung und die der Medikamente kamen immer seltener in die Stadt. Bald wuchs die Anzahl der Verstorbenen, die wegen des Medikamentenmangels an harmlosen Krankheiten starben. Besonders gefährdet waren Alte und Kinder. Menschen verstarben an einer Grippe oder an einer Lebensmittelvergiftung. Diabetiker starben, weil es an Insulin mangelte. Die Neugeborenen bekamen nicht die notwendigen Impfungen. Menschen starben, da ihnen die Tschetniks, die alle Resolutionen missachteten, nun die medizinische Versorgung verwehrten.

Ich bin mir nicht mehr sicher, wann genau Ragib Ademović starb. Er war der Vater meines nahen Freundes Suad, der gleichzeitig auch mein Sitznachbar in der Schule war. Suad und ich wurden zu Beginn des Krieges von unserem ehemaligen Lehrer Ljubisav gefangen genommen. Einige Tage vor dem Tod mussten die Ärzte seinem Vater das Bein wegen einiger Wunden amputieren, die durch Diabetes verursacht wurden. Die Medikamente sollten nach Srebrenica zugestellt werden, aber die Tschetniks hatten diese Hilfskonvois nicht durchgelassen. Ragib wurde neben meinem Vater auf dem Dorffriedhof in Likari beerdigt.

Manchmal wurden diese Konvois in Bratunac geplündert. Einmal hatten die Tschetniks alle Nahrung aus dem Konvoi abgeladen. Sie ließen die Konvois mit einer Ladung Heizungen durch, die jedoch mit flüssigem Brennstoff betrieben werden mussten. Da es aber in Srebrenica keinen Brennstoff gab, waren diese Heizungen unbrauchbar. Die Mitarbeiter des UN-Flüchtlingswerks UNHCR fürchteten um ihr eigenes Leben und konnten den Tschetniks nichts entgegensetzen. Für die Menschen, die keinen Garten besaßen, um etwas Gemüse anzubauen, wurde die Situation noch schlimmer.

In jenen Tagen ging ich zur Wassermühle am Bach Križevica, die Familie Šahmanović errichtet hatte. Dort ließ ich Mais mahlen, von dem wir Brot backten, das wir ohne Beilagen aßen. Das Mahlen zahlte ich mit einem Zwanzigstel des Getreides. Dieser Anteil war genug, damit die Šahmanovićs den nächsten Tag überlebten.

Die Tschetniks quälten uns, so oft sie nur konnten. Sie versuchten unser Leben so unerträglich wie möglich zu machen und erhofften sich, dass wir uns gegenseitig bestehlen würden, aber das trat nicht ein. Es bewirkte sogar das Gegenteil, denn die Menschen solidarisierten sich untereinander, halfen sich gegenseitig und teilten miteinander das Wenige, das sie besaßen.

Mit den UN-Soldaten betrieben wir Handel. Wir bezogen von ihnen Essen im Tausch für selbst hergestellte Souvenirs mit bosnischen Details. Die holländischen Soldaten nutzten unsere Lage aus, indem sie uns auch Essen im Tausch für goldene Eheringe, Halsketten oder Ohrringe anboten. So gaben wir unsere persönlichen Andenken für ein paar Schachteln Zigaretten oder einige Lunchpakete weg. Natürlich tauschten wir die Dinge weit unter Wert, aber die Alternative war der Hungertod. Unsere Ausweglosigkeit wurde von den Holländern schamlos ausgenutzt.

Brennholz für das Feuer schlugen wir mit stumpfen Äxten ab. Wie in der Steinzeit! Die Bewohner Srebrenicas holzten die Bäume ab, soweit das Auge reichte. Da uns diese Bäume aber gleichzeitig auch einen natürlichen Schutz gewährleisteten, wurden wir durch die Abholzung leichter zur Zielscheibe.

In der Stadt brach die Wasserversorgung zusammen. Die Quelle, die die Wasserwerke versorgte, befand sich außerhalb der Stadt und war unter der Kontrolle der Tschetniks.

Täglich wurden neue Verwundete ins Krankenhaus eingeliefert, womit die Wertlosigkeit der „Schutzzone" aufgedeckt wurde. Es gab keine Entmilitarisierung. Der Beweis dafür waren die von Heckenschützen oder durch Granatsplitter schwer verwundeten oder getöteten Menschen.

Srebrenica wurde zu einem unbeschreiblich abscheulichen und überfüllten Ghetto, das aus hungrigen, verwundeten, kranken und schutzlosen Bosniaken bestand. Die Neugeborenen wurden nicht mit Notwendigem versorgt, so dass viele Frauen Totgeburten erlitten oder ihre Babys bereits wenige Tage nach der Geburt verstarben.

Mit dem Bestellen der Felder verdiente ich mir etwas dazu. Ich arbeitete von morgens bis abends, um mit einem Liter Milch oder einem Kilo Maismehl entlohnt zu werden, damit wir den nächsten Tag überleben konnten. Als die Zeit kam, um Gras von Wiesen zu mähen, verrichtete ich auch diese Arbeit, um meiner Familie etwas Essen zu verschaffen.

Meine Frau vermisste ihre Mutter. Daher beschloss ich, sie in das baufällige Gebäude der Fabrik „Energoinvest" bei uns in Pećišta zu holen. Sie kümmerte sich auch um unseren Sohn Haris, was uns sehr zugute kam. Da er der jüngste Bewohner des Dorfes war und somit eine kleine Attraktion, kamen oft Nachbarn, um sich nach ihm zu erkundigen.

Der Todesjahrestag meines Vaters rückte näher. Gemeinsam mit meiner Mutter, meinen Brüdern und meiner Schwester hatten wir beschlossen, für seine letzte Ruhestätte einen ordentlichen Grabstein zu besorgen.

Wir kauften Marmorsteine aus Skakavac, wo mein Vater die letzten Jahre vor dem Krieg gearbeitet hatte. Es handelte sich um Dazit, der schwer zu behandeln, aber dafür wetterbeständig ist, was für diese Gegend ideal war. Obwohl der Steinmetz ohne adäquates Werkzeug arbeitete, sahen die Grabsteine am Ende trotzdem zufriedenstellend aus und zeigte das Geburts- und Todesjahr meines Vaters.

Der Steinmetz lieferte die Steine für das Grab zu uns nach Hause. Natürlich waren sie schwer, und der Friedhof befand sich 2 km vom Dorfzentrum entfernt. Die einzige Möglichkeit, die Steine dorthin zu transportieren, war mit einem Pferdewagen, aber das konnte ich mir nicht leisten. Mit meinen Brüdern beschloss ich daher, die Steine bis zum Friedhof zu tragen. Nachdem ich das Morgengebet verrichtet hatte, wollte ich wenigstens einen der Steine allein zum Friedhof bringen, um meine Brüder zu schonen, die bereits von der Baumfällung müde waren. Den zweiten Stein konnten wir später gemeinsam tragen, so meine Idee. Ich nahm den kleineren der beiden Steine. Der kleinere Stein wog schätzungsweise 80 kg. Ich packte ihn auf meine Schultern und machte mich auf den Weg. Langsam näherte ich mich immer weiter dem Friedhof. Auf dem Weg dorthin traf ich Vekaz Šahmanović, der mir anbot, den Stein kostenlos auf seinem Pferd zu transportieren. Ich bedankte mich für seine Hilfsbereitschaft, lehnte das Angebot dennoch ab, denn ich fühlte mich gegenüber meinem Vater verpflichtet, diese Last allein zu tragen. Ich schämte mich, Hilfe anzunehmen.

Nach etwa einem Kilometer traf ich auf UN-Soldaten, die mich erstaunt ansahen, weil ich diesen schweren Stein auf meinen Schultern trug. Der Grabstein war mir sehr wichtig. Deswegen spürte ich fast keine Müdigkeit. Ich hielt an und legte den Stein vorsichtig auf Erde, um ihn nicht zu beschädigen. Dann schaute ich den Soldaten hinterher, wie sie ihren Weg in Richtung Potočari fortsetzten. Der letzte Soldat in der Reihe bot mir seine Hilfe an, den Stein wieder auf meinen Rücken zu packen, aber ich lehnte seine Hilfe ab, weil ich mich noch etwas länger ausruhen wollte.

Aus der Tasche holte ich meinen Tabakbeutel, drehte mir eine Zigarette und zündete sie an. Wir hatten keine Feuerzeuge, sondern stellten feuerzeugähnliche Geräte mit dem Feuerstein her. Es war eine langwierige Prozedur, um einen Funken zu bekommen, mit dem man die Zigarette anzünden konnte. Ich versank in Gedanken und stellte mir vor, wie das Grab meines Vaters aussehen würde. Mit diesen Gedanken kamen mein Körper und meine Seele zur Ruhe.

Da kam mir mein Nachbar Vekaz zum zweiten Mal entgegen. Er hielt die Zügel seines Pferdes in seiner Hand. Sein Pferd transportierte den zweiten Stein. Seine Freundlichkeit brachte mich in Verlegenheit. Ich fragte ihn, ob er mir den kleineren Stein auf meinen Rücken heben konnte, und wir setzten den Weg fort.

„Geh du vor, damit das Pferd nicht unnötig unter der schweren Last leiden muss! Du weißt ja, wo du den Stein ablegen musst. Ich komme hinterher."

Er entfernte sich weiter. Mit der Steinlast auf den Schultern kam ich langsam dem Friedhof immer näher. Meine Quälerei hielt ich für eine Art der Entschädigung für all die Güte, die mein Vater mir entgegengebracht hatte. Ich schaffte es tatsächlich, den Stein bis zum Friedhof zu transportieren. Gemeinsam mit Hadschi-Šaban stellten wir dann beide Steine auf. Wir befestigten sie mit etwas Beton. Dann lasen wir die Sure Ya-sin aus dem Koran und sprachen Gebete für meinen Vater. Wir baten Gott darum, ihn im Paradies mit seinen Liebsten zu vereinen.

In jenen Tagen verbreiteten sich die Gerüchte, wie Tschetniks Stellungen um Srebrenica mit neuen Soldaten verstärkten, was sich leider als Wahrheit herausstellte. Die Mitglieder unseres Kommandos wurden zu Beratungen nach Sarajevo ausgeflogen, wodurch wir zusätzlich geschwächt wurden. Die Entmilitarisierung entzog uns Waffen, und nun waren wir zudem ohne führende Köpfe eines Widerstandes. Wir mutmaßten, dass die UN-Soldaten diese interne Information an die Tschetniks weitergaben, denn es gab ausgerechnet in dieser Zeit Versuche, in die Stadt einzudringen. Die Tschetniks kamen aus dem Bergwerk nahe Vidikovac und schossen auf die Häuser. Glücklicherweise wurde nur eine einzige Frau bei diesen Angriffen verwundet, aber es entstanden große Schäden an den Häusern. Während ihres Rückzugs legten die Tschetniks Tretminen am Eingang des Bergwerkes, so dass man sie nicht verfolgen konnte. Die UN-Soldaten reagierten nicht auf diese eklatante Verletzung der UN-Sicherheitszone und duldete diesen Vorfall. Man vermittelte uns das Gefühl, dass man lediglich auf unsere Entwaffnung Wert legen würde.

Ein oder zwei Tage nach diesen Ereignissen fragte mich einer der UN-Soldaten in meinem Dorf offen, weswegen wir Srebrenica denn nicht verlassen wollten. Warum kämpften und starben wir überhaupt, wenn wir alles verlassen und irgendwohin flüchten hätten können.

Ich fragte ihn, ob er die Niederlande verlassen und seiner Heimat den Rücken kehren würde. „Warum sollte ich meinen Hof verlassen und all das, was mein Vater aufgebaut hatte? Wir haben das von niemanden gestohlen, sondern haben uns alles hart erarbeitet. Hier sind meine Wurzeln. Hier sind die Gräber meiner Vorfahren. Das ist meine Heimat, mein Dorf und meine Stadt. Hier sind meine Leute und meine Traditionen. Ich wurde hier geboren und bin bereit, hier mein Leben zu beenden im Kampf für mein Land, meine Familie und meine Nachkommen. Aber ich habe das Gefühl, du verstehst mich nicht. Ich kann meine Herkunft und Religion nicht verleugnen, obwohl euch das am liebsten wäre. Du kommst hierhin und empfiehlst mir, ich soll meine Heimat und alles, was meine Vorfahren aufgebaut haben, verlassen. Würdet ihr etwas mehr Ehre besitzen, würdet ihr mir solche Fragen gar nicht stellen, sondern euren Job tun, weswegen ihr hier seid und ihr üppigen Sold bezieht. Oder ist es euer Deal mit den Tschetniks?"

Ich redete mich in Rage und hatte das Gefühl, dass er mir am liebsten eine Kugel in den Kopf schießen wollte. Er schaute mich verachtungsvoll und überrascht an und sagte schließlich: „Ich verstehe schon, was du sagst, aber ihr seid nicht stark genug, um Widerstand zu leisten."

Er drehte sich um und ging in die andere Richtung. Er gab mir deutlich zu verstehen, dass die UN-Soldaten nicht zu unserem Schutz da waren, sondern nur ein persönliches Interesse hatten. Ihre Motivation war die Bezahlung. Sie waren bestimmt nicht aus humanitären Gründen vor Ort. Außerdem benahmen sie sich auffallend unprofessionell und handelten nicht.

Das war für mich ein weiteres Zeichen, dass sich etwas Unheilvolles anbahnte und dass den UN-Soldaten Informationen über einen bevorstehenden Angriff auf Srebrenica vorlagen. Wenn man ihr bisheriges Verhalten als Maßstab nahm, bedeutete dies, dass sie sich weder einmischen noch uns schützen würden. Es war es ein offenes Geheimnis, dass die Tschetniks immer mehr schwere Geschütze an den Grenzen der Sicherheitszone postierten.

Wieder Zuhause angekommen versammelten sich meine Familienmitglieder um das spärliche Mittagessen. Im Gespräch mit meiner Mutter gab ich ihr ein Versprechen. Im Falle der Flucht aus Srebrenica schwor ich bei Gott, dass von ihren drei Söhnen, zwei das freie Territorium erreichen würden. Ich äußerte die Hoffnung, dass es Hajro und Hasib, meine zwei jüngeren Brüder, sein würden. Ich hatte eine böse Vorahnung und versuchte sie auf das schlimmste Szenario in Srebrenica vorzubereiten. Wir wussten, dass eine Gefangenschaft einem Todesurteil entspricht. Trotzdem hoffte ich, dass es nicht soweit kommen musste.

Kapitel 7

Die Flucht beginnt

Am 05.07.1995 gegen 5 Uhr morgens starteten die Kriegstreiber ihren Angriff, von dem die niederländischen UN-Soldaten gewusst haben mussten.

Die schwersten Angriffe kamen aus Richtung von Zeleni Jadar. In jeder Sekunde schlugen zwei bis drei Granaten ein. Ich eilte in meine Einheit. Meine Frau flüchtete mit unserem Sohn in den Keller des Hauses von Himzo, wo sie mit anderen Frauen und Kindern Schutz suchte. Das Haus war noch nicht so alt und stabiler gebaut als die anderen. In kurzer Zeit weiteten sie die Angriffe aus, und man beschoss wahllos Wohnhäuser, sakrale Objekte und Zivilisten. Die UN-Soldaten schauten dem Angriff aus ihren sicheren Verstecken teilnahmslos zu und zeigten keinerlei Reaktionen.

Die Moral unserer Soldaten sank. Unser Befehlshaber Naser Orić wurde nach Sarajevo zu Konsultationen mit dem Generalstab der bosnischen Armee abkommandiert. Dadurch entstand eine Lücke, die allen Soldaten der 28. Division der bosnischen Streitkräfte zusetzte. Trotzdem schafften wir es, die Angriffe von Mladićs Tschetniks, die durch Freiwillige aus Russland und Griechenland unterstützt wurden, abzuwehren. Unsere Verluste stiegen.

Die besten und tapfersten Soldaten starben bei dem Versuch, die Offensive zu stoppen, die im Jahr 1993 ausgesetzt worden war und nun zu Ende gebracht werden sollte. Die Tschetniks hatten diese Zeit genutzt, um ihr Waffenarsenal und ihre Soldatenanzahl aufzustocken. Diesmal verfügten sie über weit mehr Soldaten und Waffen und waren im Begriff, das zu vollenden, was sie vor zwei Jahren begonnen hatten. Die ethnische Säuberung und der Völkermord an der muslimischen Bevölkerung standen bevor.

Trotz der Angriffe, die von Stunde zu Stunde heftiger ausfielen, gelang es einer unserer Einheiten, ihr Vorrücken bei Zeleni Jadar zu stoppen, wodurch sie die Invasion auf die Stadt verhinderten.

Dass so eine Armada mit Panzern, Transportern und Artillerie in Richtung Srebrenica vorrücken konnte, belegt darüber hinaus den geplanten Genozid und die Einmischung Serbiens in den Angriffskrieg gegen Bosnien. Nur über den Grenzübergang Skelani konnten sie es bis hierhin schaffen. Schon am 9. Juli kamen sie bis Bojna vor die Tore der Stadt. Menschen wurden getötet, zahlreiche Häuser und ganze Vororte standen in Flammen. Um bis Bojna vorrücken zu können, mussten sie befestigte Gräben in Zeleni Jadar passieren. Mit Baggern hatten die UN-Soldaten diese Gräben vorher zugeschüttet und so den Weg für gepanzerte Fahrzeuge und Artillerie geebnet. Ohne Munition und entsprechende Ausrüstung wurde unsere Verteidigung nun immer schwächer.

Vor der anbahnenden Katastrophe verschloss der niederländische Befehlshaber die Augen und ersuchte nicht gebotene militärische Hilfe von seinen Vorgesetzten. Der Bataillonskommandeur Thomas Karremans tat dies erst am 10. Juli, weil er eine Vergeltung unsererseits befürchtete. An so etwas dachten wir nicht einmal. Wir hatten nicht einmal Waffen, um einen Angriff ausführen zu können. Wir hegten nur die Hoffnung, dass uns die Weltgemeinschaft retten und das Vorrücken unserer Schlächter stoppen würde.

Erst am 10. Juli flogen UN-Flugzeuge über Srebrenica. Um 15:05 Uhr warfen sie zwei Nebelgranaten, die einen leeren UN-Transporter trafen, der sich am Eingang der Stadt in Vorort Petrića befand.

Vermutlich sollte das die „Umsetzung" von dem sein, was in NATO- und UN-Resolutionen niedergeschrieben worden war: Die Verteidigung der Zivilbevölkerung und der schlecht ausgerüsteten Soldaten der bosnischen Armee, die in den vergangenen fünf Tagen bereits in großer Anzahl gestorben waren, um die entmilitarisierte Zone zu verteidigen.

Während UN-Flugzeuge über Srebrenica flogen und Ziele markierten, wurden sie vom Hügel Pribičevac beschossen. Dies konnte man mit bloßem Auge sehen. Die Granaten hinterließen Rauchstreifen, trafen aber nicht ihr Ziel. Flugzeuge mit scharfen Geschossen sollten Richtung Srebrenica fliegen, wurden aber auf Anordnung der hochrangigen und zwielichtigen UN-Funktionäre, Generalsekretär Boutros Boutros-Ghali und seines Vertreters Yasushi Akashi, zurückgerufen. So wurde die Rettungsmission der Bewohner Srebrenicas gestoppt, bevor sie überhaupt begonnen hatte. Das nächste freie Territorium befand sich mehr als 100 km weit entfernt. Schon jetzt konnte man erahnen, was auf uns zukommen würde. Es gab unwegsames Gelände mit hohen Verlusten an Menschen. Zudem lauerten uns die niederträchtigen und blutrünstigen Tschetniks der sogenannten „Republika Srpska" auf, in deren Reihen sich auch Kriminelle, Obdachlose und Drogensüchtige aus Serbien befanden. Sollten wir uns für den Durchstoß in Richtung des freien bosnischen Territoriums entscheiden, rechneten wir aus Erfahrung mit hohen Menschenverlusten. Es ist schwer, in Worte zu fassen, welches Benehmen diese verbrecherischen Paramilitärs an den Tag legten, die mit Waffen der jugoslawischen Volksarmee ausgerüstet waren und unvorstellbare Gräueltaten in und um Srebrenica verübten. Wo sie auch hinkamen, brannten sie die Dörfer nieder und vergewaltigten junge und alte Frauen. Sie schlachteten, erschossen und verbrannten Menschen bei lebendigem Leib und schändeten die Toten.

Wir durften ihnen nicht lebend in die Hände fallen, denn sie hielten sich an keine Abmachungen, keine Resolutionen und keine Artikel der Gefangenenrechte der Genfer Konvention, ungeachtet, ob es sich um Soldaten oder Zivilisten handelte. Ehrenhaftes Handeln war ihnen fremd. Die Regeln der zivilisierten Welt hatten für sie keine Gültigkeit.

Ich tröstete meine Frau mit der Vorstellung, dass uns die UN-Soldaten retten, indem sie die Stellungen der Tschetniks bombardieren würden. Bei dem Gedanken, was alles passieren könnte, hatte ich in Wahrheit so große Angst, dass mir das Blut in den Adern gefror.

Meine Mutter, meine Schwester und mein jüngerer Bruder gingen in unser Heimatdorf Likari, um die Kuh aus dem Stall rauszulassen. Wir wollten nicht, dass sie das gleiche Schicksal ereilte wie ihre Vorgängerin, die 1992 lebendig verbrannt wurde. Sie beschlossen in Likari zu bleiben, da sie zuversichtlich waren, dass die UN und die Weltgemeinschaft das Blutvergießen durch die Tschetniks stoppen würden. Die Ortschaften Bibići und Bojna brannten bereits. Man wusste nichts über das Schicksal der Bewohner von Slapo-vići und Jadar und über diejenigen, die in die bereits über-füllte Stadt Srebrenica geflüchtet waren. Im Südosten Srebrenicas brannten die Häuser so stark, dass der Qualm die Kehle zuschnürte. Das Feuer fraß sich durch die Stadt und verschlang alles im Namen des serbischen Volkes. Die Detonationen hörte man überall im Talkessel.

Die folgende Nacht war - bis dahin - die schlimmste meines Lebens. Neben meinen Geschwistern, meiner Mutter und meiner Frau war noch mein 16 Monate alter Sohn, um den ich mir Sorgen machte. Die ganze Nacht hindurch schlugen Granaten ein Ich überlegte angestrengt, was zu tun war. Mich quälte der Gedanke, wie die Situation enden könnte, denn ich fürchtete um das Leben meiner Familie und das meiner Nachbarn.

Ich verrichtete das Nachtgebet und legte mein Schicksal in Gottes Hände. Ich betete um Schutz für alle unschuldigen und schwachen Menschen in diesem ungleichen Kampf. Ich betete für das Volk, dem der Verbrecher Mladić die Ausrot-tung prophezeite. Nach jedem Gebetsende sprach ich das Glaubensbekenntnis. Falls es mein Schicksal war zu ster-ben, dann wollte ich gemäß meinem Glauben sterben.

Das Morgengrauen brach an. Ich wachte am Kopf meines Sohnes, der bei jeder abgeschossenen Kugel und jedem Granateneinschuss zusammenzuckte. Nach dem Morgengebet ging ich aus dem Haus und hörte die Stimmen der Nachbarn. Ich sah Mido. Ehe ich ihn begrüßen konnte, sagte er: „Lieber Nachbar, Srebrenica ist gefallen. Kiram wird die Nachricht des Krisenstabes in der Dorfmitte vor dem Haus von Asim und Junuz verkünden."

Der Rest meiner Familie befand sich noch in Likari, etwa 2 km weiter entfernt. Unmittelbar hinter dem UN-Beobachtungsposten befand sich unsere Verteidigungslinie. Trotz unserer jämmerlichen Ausrüstung hatten wir den Angriffen widerstanden, obwohl uns die UN-Soldaten daran hindern wollten. Die Vergangenheit hatte den Tschetniks gezeigt, uns nicht an dieser Stelle anzugreifen. Stattdessen schossen sie aus anderen Richtungen auf die überfüllte Stadt. Wir waren in einem Talkessel, aus dem es kein Entkommen gab, außer in den Tod.

Ich zitterte am ganzen Körper bei dem Gedanken, dass meiner Familie etwas passiert sein könnte. Beunruhigende Nachrichten kamen minütlich. Jede neue Meldung war schlimmer als die vorherige. Trotz der Granaten und des Kugelhagels ging ich mit meinen Nachbarn zur Dorfmitte, um zu erfahren, was Kiram zu verkünden hatte.

Er sprach kaum hörbar, während sich seine Augen mit Tränen füllten. Ich hatte das Gefühl, dass er mit seinem Schicksal Frieden geschlossen hatte, denn seine Stimme klang gefasst.

„Als eurer Gemeindevertreter habe ich euch Informationen weiterzugeben. Wie ihr gehört habt, ist Srebrenica in die Hände der Tschetniks gefallen. Es ist nur eine Frage der Zeit, bis sie hierhin kommen werden. Ich bitte euch, Vorkehrungen für die Flucht zu treffen. Teilt das Essen unter euch auf. In euren Häusern wird es niemandem nutzen."

Der Plan war, dass alle bewaffneten oder auch unbewaffneten Männer versuchen sollten, sich nach Kladanj oder Tuzla durchzuschlagen. Wir hatten keine Wahl. Wenn wir uns ergeben hätten, bezweifelte ich, ob jemand überlebt hätte. „Alte, Kinder und Frauen sollen Schutz in der UN-Basis in Potočari suchen. Frauen und Kinder sollen auch warme Kleidung mitnehmen, denn in der Nähe ist der Bach Križevica. Die Nächte können kalt sein. Ich weiß nicht, wie lange sie in der Basis bleiben werden und wie das Ganze enden wird. Wir hoffen, dass die UN-Soldaten wenigstens die Frauen und Kinder beschützen werden, auch wenn sie bis jetzt nicht viel unternommen haben. Alles ist riskant. Sowohl Schutz in der UN-Basis zu suchen als auch die Flucht durch die Wälder!"

Das sprach mein Vetter Kiram. Dann fing er an zu weinen: „Ich habe Angst, dass sie uns alle töten werden und bete zu Allah, dass er uns vor den Tschetniks beschützen möge. Ich bitte um Verzeihung, falls ich in der Vergangenheit jemandem von euch etwas zuleide getan habe. Möge Allah euch vor dem Übel unserer Feinde schützen."

Wir verabschiedeten uns voneinander, als ob es der letzte Tag unseres Lebens gewesen wäre. Die Angst umklammerte mich, nicht nur wegen meines Lebens, sondern wegen des Lebens meines Sohnes, meiner Frau, meiner Mutter, meiner Brüder, meiner Schwester, meiner Schwiegermutter, meiner Freunde und meiner Nachbarn.

Ich ging nach Hause zurück. Meine Frau erwartete mich bereits an der Tür. Sie trug unseren Sohn auf ihrem Arm. Die Tränen kullerten ihre Wangen herunter.

„Ist dies das Ende? Was wird aus unserem Sohn? Was wird aus uns?"

Ich ließ mir nichts anmerken, indem ich Stärke vortäuschte. Dann sah ich aus dem Fenster, und mein Blick richtete sich auf die Verbindungsstraße Srebrenica-Bratunac. Eine unüberschaubare Menschenmenge ging Richtung Potočari. Die unheilvollen Ereignisse warfen ihre

Schatten voraus. Es wirkte, als ob der Jüngste Tag angebrochen sei und die Menschen vor den Weltenrichter treten müssten.

Der Anblick verschlug einem die Sprache.

Wortlos schaute ich meinen Sohn und meine schöne Frau an. Danach schaffte ich es, einige Sätze zu sagen, während sich meine Kehle mit jedem Wort zuschnürte. Sind das die letzten gemeinsamen irdischen Momente in dieser vergänglichen Welt? Hatten wir solch ein Lebensende verdient? Hatte es mein Sohn Haris verdient?

„Nimm eine Decke mit und etwas warme Kleidung! Geht nach Potočari! Ich werde mich durch die Wälder zum freien Territorium durchschlagen. Wenn wir es erreicht haben, werden wir wieder zusammen sein. Macht euch keine Sorgen!"

Zitternd und weinend nahm Hajra eine Decke und packte etwas Kleidung für Haris zusammen. Sie stopfte alles in eine Tasche, während ihre Mutter ihr half. Anschließend nahm sie ein Stück vom Maisbrot und etwas Zucker und teilte es in zwei Teile. Einen Teil gab sie mir, das andere behielt sie für sich und die anderen beiden. Ich nahm es jedoch nicht an, sondern griff stattdessen nach den letzten Salzvorräten. Es waren etwa 150 g. Die letzte Milch, die wir hatten, passte in die 0,5 l Babyflasche. Die Zeit verging schnell, und schon war es 13 Uhr.

Mein Bruder Hasib und meine Schwester Asmira kamen zu uns. Darüber freute ich mich sehr, denn sie teilten mir mit, dass meine Mutter und mein anderer Bruder Hajro noch lebten. Wir schlossen uns anderen fliehenden Menschen an. Das Wissen, dass alle wohlauf waren, gab mir Kraft, die Situation zu ertragen.

Es gab keine Zeit zu verlieren. Asmira packte auch ihre Sachen zusammen. Sie sollte unsere Mutter, meine Frau und unseren Sohn Haris in Richtung Potočari begleiten. An der Kreuzung in Pećišta vor dem Haus von unserem Nachbar Šaban hielten wir an, um uns Lebewohl zu sagen. Während wir dort standen, vernahm ich die vielen Detonation und Schießereien nicht mehr. Für uns stand die Zeit kurz still. Alles um uns herum wurde kaum hörbar.

Zunächst sahen wir uns gegenseitig wortlos an und blickten dann auf Haris. Wir konnten unsere Tränen nicht zurückhalten. Wir weinten wegen der bevorstehenden Trennung, aber auch wegen der trostlosen und ungewissen Zukunft. In diesem Moment gab meine Frau unseren Sohn ihrer Mutter in die Arme und nahm ihre goldene Kette ab. An der Kette hing ein Anhänger mit einem Halbmond und einem Stern, den ihr ihr Vater Mustafa zum 14. Geburtstag geschenkt hatte. Sie gab mir diesen Anhänger und sagte dabei leise zu mir: „Nimm den Anhänger und verstecke ihn irgendwo! Falls sie ihn bei mir finden... Wer weiß, was sie mir antun werden."

Sie legte den Anhänger in meine Hand, umarmte mich innig und brach erneut in Tränen aus: „Allah wird uns bestimmt in Tuzla wieder vereinen."

Ich küsste ihre Stirn und hoffte, dass sie Recht behalten würde. Ich hoffte auf Gottes Gnade und vertraute auf die mütterlichen Instinkte meiner Frau, dass alle überleben würden. Danach nahm ich Haris und drückte ihn fest an mich, ohne etwas sagen zu können. Ich drehte mich zu meiner Schwiegermutter und bat sie darum, auf ihn aufzupassen. Dabei sagte ich: „Es wird so kommen, wie es Allahs Vorherbestimmung ist. Ich bitte euch um Verzeihung, falls ich etwas Falsches gemacht habe, und verzeihe euch alles, falls es etwas zu verzeihen gibt."

Dann gab ich meiner Frau unseren verängstigten Sohn Haris wieder zurück, der mich mit seinem Blick fixiert hatte. Bei jedem Schuss, den man hörte, zuckte er zusammen. „Geht und passt auf euch und Haris auf. Alles andere ist nicht wichtig. Möge Allah mit euch sein. Assalamu alaikum."

Ich verabschiedete mich und steckte den Anhänger in die Tasche meiner verschlissenen Hose.

Dann kehrte ich ins Haus zurück. Mir stand der Schweiß auf der Stirn, aber ich war nicht sicher, ob es aufgrund der Julihitze oder aufgrund der Angst und Unruhe war. Wer konnte das schon wissen, wenn alle Sinne durcheinandergeraten waren, und die Emotionen den Verstand benebelten. Mein Herz pochte, als ob es aus meinem Brustkorb springen würde. Ich hatte keinen Plan, wie es weitergehen sollte, außer dass ich das Treffen mit meiner Mutter vermeiden wollte. Mir reichte es zu wissen, dass sie gesund in Potočari angekommen war.

Während ich meine Tränen unterdrückte, unterhielt ich mich kurz mit meinem Bruder Hasib und meiner Schwester Asmira. Danach verabschiedete ich mich von Asmira und sagte ihr, sie sollte sich nun ebenfalls nach Potočari aufmachen. Hasib und ich wollten uns den Männern anschließen. Danach trennten wir uns.

Mit Hasib ging ich über das Gut von Malgin, um eine Begegnung mit bekannten Gesichtern zu vermeiden und den Weg abzukürzen, um oberhalb der UN-Basis in Potočari anzukommen, wo sich Frauen, Kinder und alte Menschen versammelt hatten.

Ich versuchte, nicht auf meine Mutter zu treffen. Meine Beine fühlten sich zunehmend bleiern an. Ich hegte keine große Hoffnung, dass ich es schaffen würde. Es war eine Reise ins Unbekannte, über unwegsames Gelände, durch Gebiete, die die Tschetniks besetzt hielten und die mit Tretminen übersät waren.

Ich war spärlich und unangemessen bekleidet. Ich hatte eine Hose und ein weißes T-Shirt an. Ich trug grüne Gummistiefel, die von innen gefüttert waren und für diese Jahreszeit auch zu warm waren. Aber es war besser, als mich barfuß auf den Weg aufzumachen.

An Nahrung hatte ich nur etwas Salz bei mir. Ich machte mich auf den Weg, an dessen Ende mich entweder der Tod oder die Rettung erwarteten würde. Ich war mir nicht sicher, welche der Optionen realistischer war, aber ich tendierte eher zum Tod.

Der Weg nach Potočari, den ich als Schuljunge täglich zu Fuß gegangen war, beschritt ich nun vielleicht zum letzten Mal in meinem Leben. Und zwar auf die unangenehmste und schrecklichste Weise, bei der ich mich durch eine Menge von ausgehungerten und verängstigten Menschen durchschlagen musste. Es war ein Anblick, den man schwer in Worte fassen konnte.

Die ganze Breite der Straße war von einer Menschenkolonne überfüllt, in der Menschen ohne genaues Ziel dichtbeieinander gingen. Man sah weder den Anfang noch das Ende der Kolonne. Durch die Menschenmenge fuhren vorsichtig die Lastwagen der UN, die mit verwundeten Menschen überfüllt waren. Vorne an der Kabine hielten sich die alten Männer und Frauen fest. Sie machten dies, nicht weil sie nicht gehen konnten, sondern weil sie dachten, dass es in der Nähe der UN-Soldaten sicherer sei. Unmittelbar nach dem Lastwagen fuhr ein gepanzerter Transporter, den man vor lauter verschreckter Menschen fast gar nicht sah. Manch einer schob seine Mutter oder Vater in der Schubkarre, weil sie zu alt und schwach waren, um sich in dieser Menschenmenge zurecht zu finden. In der Luft lag der Geruch von Trauer, Angst und Tod.

Man hörte das Weinen der müden Mütter, die hier ohne männliche Verwandte waren. Beidseitiger Schmerz hallte so laut durch Potočari, dass man die Detonationen gar nicht mehr hörte. Das Weinen kam von denjenigen, die sich auf einen ungewissen Weg aufmachten, und man hörte das Weinen der Mütter, die geblieben waren. Wir vergaßen den Krieg. Unsere Gedanken kreisten nur darum, was aus uns und unseren Liebsten werden würde.

Ich ging meiner Mutter aus dem Weg, seitdem mein Bruder Hasib mir mitgeteilt hatte, dass sie angekommen war und nach mir fragte. Hasib fasste seinen Mut zusammen und verabschiedete sich von ihr. Aber ich konnte das nicht. Ich fürchtete, mich nicht von ihr trennen zu können, weil ich immer noch die Gefühle des Abschieds von meinem Sohn, meiner Frau, meiner Schwiegermutter und meiner Schwester Asmira verschmerzte.

Ich hätte die Tränen meiner Mutter und ihre letzte Umarmung nicht ertragen können. Ich konnte mich nicht von ihr verabschieden und vor ihr auch nicht meinen Schwur wiederholen, dass mindestens zwei von uns Söhnen das freie Territorium erreichen würden.

Es schwirrten die Worte des holländischen Soldaten in meinem Kopf, der sagte: „Ihr seid nicht stark genug, um euch zu verteidigen."

Mir wurde klar, dass die UN-Soldaten eine Abmachung mit den Tschetniks getroffen haben mussten, denn sie unternahmen nicht einmal einen Versuch, um Srebrenica zu retten.

Ich passierte die Kolonne, um meine Reise ins Ungewisse fortzusetzen. Dabei versuchte ich, in der Nähe meines Bruders Hasib und anderen bekannten Menschen zu bleiben. Falls jemand von uns verwundet werden würde, hätten wir ihn bestimmt nicht den Tschetniks überlassen, die es kaum abwarten konnten, uns zu töten. Für sie zählte nur die Erfüllung ihres Vorhabens, die Muslime aus der Gegend zu vertreiben, in der sie seit Jahrhunderten bereits lebten.

Wortlos liefen wir Richtung Šušnjari. Ich war immer überzeugter, dass dies die letzten Stunden meines Lebens seien würden. Kurz danach kam Enver Garaljević und sagte mir, dass sich hier in der Menschenmenge auch mein jüngerer Bruder Hajro befinden würde, mit dem er aus Likari zusammen hergekommen war. Es fiel mir ein Stein vom Herzen, denn ich wusste nun, dass meine Liebsten alle noch am Leben waren. Einige hier in Šušnjari, die anderen weiter unten in Potočari. Und hoffentlich alle sicher vor den blutrünstigen Tschetniks!

In Šušnjari kam ich ziemlich früh an. Es befanden sich schätzungsweise etwa 1.000 Leute dort. Minütlich wurden es mehr Menschen. Die Situation wurde immer komplizierter, denn wir waren eine ungeschützte Zielscheibe für unsere Feinde. Mir kam es vor, als ob sich alle Bewohner der Enklave hier versammelt hatten und niemand mehr in Potočari geblieben war.

Oft holte ich den goldenen Anhänger meiner Frau aus meiner Hosentasche und fragte mich, wie es ihr und den anderen nun ging. Ich betete zu Gott, dass Er sie beschützen möge. Ich dachte an meine Mutter. Nun tat es mir leid, dass ich mich nicht von ihr verabschiedet hatte oder bei ihr geblieben war. Verwirrung herrschte in meinem Kopf, daher hoffte ich auf göttlichen Beistand.

Ich versuchte, meinen Bruder Hajro zu finden, bevor es dunkel wurde, was mir nicht gelang. In zwei bis drei Stunden versammelten sich hier fast Zwanzigtausend Menschen. Darunter befanden sich nur etwa 30 Frauen. Es gab aber auch ältere Menschen und Kinder. Es gab jedoch kaum bewaffnete Männer, die den ausgehungerten und verängstigten Menschen Schutz hätten geben können. Die Menschen hatten jede Hoffnung verloren, gerettet zu werden. Soldaten der 28. Division und die respektablen Bürger von Srebrenica saßen bis tief in die Nacht im Haus von Sidik Ademović, um weitere Schritte zu besprechen. Es galt die Marschrichtung zu bestimmen, wie man die Kolonne formiert und wie man während des Marsches untereinander kommuniziert. Während man auf die Entscheidung wartete, wuchs die Panik unter den Wartenden. Die Zeit schien stehen geblieben zu sein. Jede Minute zog sich lang, wie ein Jahr.

Ich hatte Angst um mein eigenes Leben und um das Leben meiner Angehörigen. Ich hatte Angst um meine Nachbarn und um alle Menschen, die sich hier befanden. Ich hatte auch Angst um diejenigen, die in der UN-Basis Schutz suchten, denn sie waren hilflos den Tschetniks ausgeliefert. Am meisten sorgte ich mich um meinen Sohn, denn dem Feind war nichts heilig. Um das himmlische Gericht scherten sie sich nicht, um das irdische noch weniger. Waren sie doch überzeugt, dass man nicht über sie richten würde. Mit ihren bösen Gedanken waren sie nur darauf aus, den in Belgrad geschmiedeten Plan in die Tat umzusetzen. Ihre willigen Helfer waren die bosnischen Serben.

Die Verhandlungen zogen sich hin, während die Menschen immer unruhiger wurden. Das konnten wir in diesen Augenblicken am wenigsten gebrauchen. Zudem erhielten wir die Information, dass uns die Tschetniks von allen Seiten umzingelt hatten. Wir befürchteten, dass niemand von uns überleben würde. Wir versuchten in dieser Situation geistesgegenwärtig zu reagieren und die panischen Menschen zu beruhigen, indem wir ihnen erklärten, dass es sich nur um ein übles Gerücht handle. Es war jedoch die Wahrheit.

Der Feind war nicht so nah, wie die Gerüchte es glauben ließen, aber die Menschen wurden panisch. Es war schwer, sie wieder zu beruhigen.

Man konnte sehen, wie die meisten saßen, weinten und Wasser unkontrolliert in großen Mengen tranken. Es ist eines der körperlichen Zeichen des Stresses, wenn man nicht durstig, sondern verängstigt ist. Der Körper täuscht in solchen Momenten vor, Wasser zu benötigen.

Wir warteten lange auf die Entscheidung, wer die Kolonne anführen und in welche Richtung es gehen sollte. Im letzten Moment kurz vor dem Aufbruch kamen Neuankömmlinge mit der Nachricht, dass die Tschetniks alle in Potočari gefangen genommen und getötet hätten, was zusätzliche Panik verursachte. Wir ahnten zwar, dass sie alle gefangen nehmen würden, hegten aber die Hoffnung, dass sie die Gefangenen wegen der Weltöffentlichkeit verschonen und am Leben lassen würden. In der UN-Basis befanden sich Zivilisten und Verwundete, die man gemäß Genfer Konventionen nicht töten durfte.

Schließlich um 23 Uhr fiel die Entscheidung, wohin es gehen sollte. Wir wollten ohne Panik aufbrechen und keinen Lärm verursachen, um nicht aufzufallen, was schwer zu organisieren und zu kontrollieren war.

Ich legte meine Hoffnung in die Fähigkeiten von Ejub Golić, dem Befehlshaber des Glogova Gebirgsbataillon, der uns anführen sollte. Gleichzeitig hatte ich aber Zweifel an der erfolgreichen Durchführung einer Unternehmung mit so vielen verängstigten Menschen. Außer der Angst um das eigene Leben verfügten die meisten über keinerlei Kampferfahrung.

Von Mund zu Mund gaben wir die organisatorischen Informationen weiter. Wie die Kolonne zu formieren war, wie wir uns bewegen sollten und dass wir uns an die erhaltenen Anweisungen halten mussten, egal was passierte. Ich versuchte in der Nähe meines Bruder Hasib und Ibro „Ljuti" zu bleiben, während ich mich vielleicht auf der letzten Reise meines Lebens befand.

Wir formten die Kolonne so, dass wir zu zweit in einer Reihe standen und dass wir denjenigen vor uns an einem Kleidungsstück festhielten, damit die Kolonne nicht unterbrochen wurde. Viele nahmen ihre Tiere mit, vor allem Pferde und Kühe gab es. Eine Zeitlang begleiteten uns Hunde, die so jaulten, als ob sie geschlagen würden. Das Muhen der Kühe durchbrach die Stille der warmen Julinacht.

Hasib und ich schafften es nicht bis vor dem Morgengrauen, uns in die Kolonne einzureihen. Wir gingen Richtung Jaglići, dann Buljim. Von dort aus sollten wir durch die dichten und unwegsamen Wälder weiter zu Kameničko brdo. Mit dem Morgengrauen überquerte ich Buljim und sah die verlassenen Schützengräben. Tschetniks waren jetzt

dabei, Srebrenica anzugreifen und die Zivilisten dort zu töten. Ununterbrochen sprach ich das Glaubensbekenntnis,
denn ich rechnete nicht damit, diese Situation zu überleben.
Ich sprach die Verse aus dem Koran und dachte an meine
Familie, die in Potočari geblieben waren und die von den
desinteressierten niederländischen Soldaten vor den blutrünstigen Tschetniks beschützt werden sollten. Mit den
Tschetniks teilten die UN-Truppen ihre Verachtung für die
Muslime, obwohl wir weder den einen noch den anderen
etwas zuleide getan hatten.

Mit unserer Kolonne ging es langsam und mühsam voran. Man machte zwei-drei Schritte vorwärts und blieb
dann wieder stehen. Gerade in dem Moment, als ich an den
Schützengräben vorbeiging und unwissentlich auch durch
das verminte Gelände, galoppierte ein verschrecktes Pferd
an uns vorbei. Einige Augenblicke später folgte ihm ein älterer Hund. Sein Kopf war zum Boden geneigt, als ob sogar
er das Ausmaß der Tragödie fühlen konnte. Wahrscheinlich
hatte der Hund aber nur Hunger und suchte Nahrung oder
seinen Besitzer. Er schien verängstigt zu sein und lief ziellos
umher, wodurch er sich nicht von uns unterschied.

Ich befand mich in der Mitte der Kolonne, die am
11.07.1995 um 23:30 Uhr aufgebrochen war. Ravni Buljim
überquerte ich erst um 7 Uhr am nächsten Tag. Das zeigte,

dass die Kolonne mehr als 10 km lang gewesen seien musste. Mit der Überquerung von Buljim verließen wir die sogenannte UN-Sicherheitszone und schritten durch das Gelände, das ich vorher nie betreten hatte. Wir waren wandelnde Zielscheiben für die Tschetniks, die mit modernster Ausrüstung ausgestattet waren.

Als wir die Trennungslinien passierten, an denen wir mutig Widerstand geleistet hatten, kamen wir schneller voran. Der Weg führte über steile Abhänge, entlang der Bäche und wieder über beschwerliche Anstiege. Wir hatten Durst. Egal wie viel wir tranken, wir hatten immer das Gefühl, nicht genug Flüssigkeit zu uns genommen zu haben. Nach einigen Kilometern auf unserem Marsch befand sich vor uns eine mit hohem Farnkraut bewachsene Gegend, die wir überqueren mussten. Wir mussten etwa 100 Meter hindurchrennen, denn die Heckenschützen der Tschetniks schossen auf uns.

Hasib ging als erster vor und ich einige Schritte hinterher. Wir duckten uns, soweit wir nur konnten, um nicht aufzufallen. Wir schafften es und waren froh, unser Leben um einige Augenblicke verlängert bekommen zu haben. Dieses Leben, egal wie beschwerlich es war, gaben wir nicht auf, denn es bestand immer noch etwas Hoffnung, dass am

Ende dieses Wegs die Vereinigung mit unseren Liebsten bevorstand. So gingen wir ohne Unterbrechung durch den Wald und durch das dichte Gebüsch. Dann beschlich uns das Gefühl, dass wir in eine Falle geraten waren. Im Abstand von einigen Metern fanden wir immer wieder Papierfetzen, die uns lotsten und auf denen die Warnung vor Tretminen eingezeichnet war. Wir dachten, dass unsere Vorhut uns dies zur Orientierung dagelassen hatte. In Wirklichkeit navigierte man uns geradeaus in die Falle, was uns nicht einmal in den Sinn kam. Am Kameničko brdo warteten wir bis die Nacht anbrach. Wir wussten, dass dahinter die Todeszone lauerte. Es handelte sich um eine hoch bewachsene Wiese, die sich in der Nähe eines muslimischen Dorfes befand. Wir rasteten und warteten auf die Nacht, um dann ausgeruht und im Schutz der Dunkelheit unsere Flucht fortzusetzen.

Ich setzte mich unter eine Eiche, an der Memo angelehnt war. Memo war der Personalreferent aus der 280. Brigade und gebürtig aus dem Dorf Pale. Neben uns setzte sich mein Bruder Hasib. Wir schwiegen uns an. Plötzlich hörte man Schüsse aus einem Maschinengewehr. Danach herrschte wieder Stille, bevor die Schüsse erneut einsetzten. Dem Geräusch nach zu urteilen, handelte es sich um eine Flugzeugabwehrkanone von 12,7 mm Kaliber. Da die

Schüsse weit hinter uns abgefeuert wurden, schenkten wir ihnen keine weitere Beachtung. Ich saß eine Weile dort und schaute mir die Menschenmenge an, die sich versammelt hatte und unendlich lang erschien. Ich unterbrach meinen Blick dorthin und nahm den goldenen Anhänger meiner Frau aus der Hosentasche. Ich dachte an meine Familie, die in Potočari geblieben war und über die ich nichts wusste. Dunkle Gedanken kreisten in meinem Kopf herum.

Kapitel 8

Der wundersame Junge

Nach etwa zwei bis drei Stunden Pause tauchte mein Nachbar Osmo auf und rief mich zu sich. Dieser verängstigte und in Tränen aufgelöste 14-jähriger Junge überbrachte mir eine traurige und schmerzhafte Nachricht.

„Dein Bruder Hajro ist getötet worden. Es passierte an der Stelle mit dem Farnkraut, wo wir schnell hindurchrennen mussten. Zusammen mit ihm ist Mersed aus Podčauš getötet worden. Ich habe ihre Leichen gesehen."

„Osmo, bist du sicher?" fragte ich gefasst.

„100 Prozent. Wenn du willst, kann ich dich dahinführen."

Ich gab meinem Bruder Hasib eine kurze Anweisung: „Bleib bei Memo und bewege dich nicht von der Stelle! Ich komme gleich."

Obwohl ihm nicht klar war, worum es ging, ahnte er, dass etwas nicht stimmte. Ich ging mit Osmo, und Ibro „Ljuti" stieß zu uns. Wir bewegten uns schnellen Schrittes bis zur Stelle, über die Osmo berichtet hatte. Dabei mussten wir Menschen ausweichen, die bei Kameničko brdo eintrafen. Meine Füße fühlten sich leicht an. Die Müdigkeit verschwand auf einmal.

Wir gingen den unwegsamen Weg sieben bis acht Kilometer zurück. Plötzlich sahen wir sechs massakrierte Leichen. Unter ihnen befand sich auch mein Bruder Hajro. Neben ihm lag Mersed, den sein Vater Nazif an der Hand hielt. Mein Atem stockte, und ich war kurz vor dem Umkippen. Ich spürte Angst, die sich mit der Trauer über den Tod meines 19-jährigen Bruders Hajro mischte.

Er lag bäuchlings in seinem Blut, genau wie Mersed. Merseds Vater Nazif lag auf dem Rücken. Neben ihnen lagen zwei junge Männer auf der Seite, und einige Schritte weiter lag ein Mann ohne sichtbare Wunden. Ich hatte keine Zeit, sie mir genauer anzuschauen, sondern drehte sie nur Richtung Mekka, so wie es die islamische Tradition verlangte. Das Gesicht meines Bruders bedeckte ich mit der hellblauen Jacke, die er trug. Er hatte drei große Wunden im Bauch und in der Brust. Sie wurden wahrscheinlich getötet, als ich die Geräusche der Flugzeugabwehrkanone gehört hatte. Auf ihre Leichen legte ich einige Zweige und Farn. Ich tat alles emotionslos. Ich hatte keine Kraft, um zu trauern. Mir kam es vor, als ob ich ihnen bald in den Tod folgen würde.

Ich drehte die Fläche meiner Hände Richtung Himmel, um ein Gebet für sie zu sprechen, dass Gott ihnen das Paradies gewähren und sie als Märtyrer aufnehmen möge.

Das war alles, was ich in dem Moment für sie tun konnte, aber es kam mir wenig vor. Jedoch musste ich zurück zu Kameničko brdo, um meinen anderen Bruder Hasib nicht zu verlieren. Den Leichnam meines Bruder Hajro ließ ich im Wald zurück. Ich empfand Scham, weil ich nichts mehr für ihn tun konnte.

Ich kehrte zurück, fand meinen Bruder Hasib und setzte mich neben ihn und Memo. Meinen erschöpften Körper lehnte ich an die Eiche. Ich streckte meine Beine aus und schaute auf die zugewachsene Wiese. Der ungemähte Rasen verdeckte alles. Einige bewaffnete Männer sprachen davon, dass sie Richtung Konjević Polje aufbrechen wollten, um die asphaltierte Straße zu sichern, die die Ortschaften Zvornik und Milići miteinander verband und die wir überqueren mussten. Kurz nach ihrem Aufbruch hörte man aus dem hohen Rasen eine weibliche Stimme, die uns drohte. Dann bellten Hunde.

„Ihr verdammten Türken! Jetzt werdet ihr mal eine richtige Tschetnik-Frau kennenlernen."

Sie setze ihre Drohung in die Tat um und schoss aus einer automatischen Waffe, was den Anfang eines grauenhaften Szenarios einläutete. Die Erde, auf der wir standen, brannte. Die Tschetniks eröffneten das Feuer aus allen Richtungen und mit allen verfügbaren Waffen auf tausende erschöpfte Menschen. Der Lärm der Schießerei und der Granaten übertönte eine starke Explosion in der Mitte der Menschenmenge. Eine Buche flog dabei in die Luft. Beim Herunterfallen tötete sie zahlreiche Menschen und verwundete noch mehr.

Diesen Horror und den Willen uns auszulöschen, konnte man sich nicht vorstellen. Die umfallende Buche war ein Zeichen, dass sie uns in die Falle gelockt hatten, um uns am effektivsten zu töten. Zuvor waren Männer aufgetaucht, die uns den Weg in Richtung dieser Buche gezeigt hatten. Jetzt wussten wir, dass es unsere Schlächter waren, die uns hierhin gelockt hatten. Einige, die ihnen in eine andere Richtung gefolgt waren, wurden zu ihrem eigenen Todesplatz geführt. Die meisten wurden in Kravica und auf dem Fußballfeld in Kasaba getötet.

Als die Schießerei anfing, standen verzweifelte Menschen einfach auf, um dieser irdischen Hölle zu entfliehen. Sie wurden dann direkt von den Kugeln getroffen und fielen zu Boden. Schreie und Wehklagen hörte man überall. Sie übertönten die Schüsse, die ihnen den Tod brachten. Plötzlich fiel Memo neben mir tot um. Er ging wortlos in den Tod. Meine Beine übernahmen die Kontrolle über meinen Körper, und ich rannte ziellos in eine unbekannte Richtung. Mein Bruder Hasib rannte in die andere Richtung. So wurden wir getrennt. Ich war nun wieder allein und machte mir Sorgen, ob mein Bruder das Gemetzel von Kameničko brdo überlebt hatte.

Ich rannte durch das Dickicht und kam nach kurzer Zeit an einem größeren Bach an. Ich war allein. Niemand war bei mir, wenn man den Engel des Todes nicht mitzählte, der mir im Nacken saß.

Ich tauchte meinen Kopf in das Wasser und trank, bis mein Bauch wehtat. Die Schreie hörte ich weiterhin in der Ferne, und sie nahmen den Raum zwischen Himmel und Erde ein. Ich überlegte, wohin ich jetzt fliehen konnte. Ich hatte Angst, jemanden zu treffen. So beschloss ich, mitten durch den Bach flussaufwärts zu gehen. Eigentlich wollte ich Richtung Cerska und Berg Udrč laufen, aber ich verlor die Orientierung. Leise fast geräuschlos ging ich durch das flache Wasser. Die Nacht war furchterregend. Selbst die Angst verlor ihren Schrecken. Ich betete, sprach das Glaubensbekenntnis auf und rezitierte immer wieder Verse aus dem Koran, denn ich rechnete jede Sekunde mit dem Tod. Auch in diesen schweren Momenten dachte ich an meinen Sohn, meine Frau und meine Mutter. Was war mit meinem Bruder Hasib passiert?

Ich ging lange und leise durch das Wasser, obwohl mich ohnehin niemand wegen der Schießereien, Detonationen und Schreie meiner Leute hören konnte. Das Teufelsfest hatte zahlreiche Menschenleben ausgelöscht. Die Mörder waren größtenteils unsere serbischen Nachbarn aus Bratunac, Srebrenica, Zvornik und Vlasenica, aber bestand auch aus Tschetnik-Freiwilligen aus Serbien, Russland und Griechenland. Sie wurden von den Söldnern und ehemaligen Sträflingen unterstützt, die das Projekt von Slobodan Milošević und Großserbien in die Tat umsetzen wollten. Und dann plötzlich sah ich ein großes Gebäude zu meiner linken Seite, obwohl die Nacht die Sicht einschränkte. Ich war nur einige hundert Meter von den entfesselten Tschetniks in Kravica hinter dem Lager des ehemaligen Landwirtschaftsbetriebes entfernt. Ich hörte die entschlossenen Stimmen sagen: „Alle sollen getötet werden! Keiner darf am Leben bleiben und durchschlüpfen! Das ganze Areal wird abgeriegelt. Habt ihr verstanden?" Es folgte ein wahlloses Schießen. Kugeln trafen in meiner Nähe ein.

Ich zwang mich, ruhig zu bleiben, was ich auch schaffte. Dabei vergaß ich, dass ich inmitten des kalten Baches stand. Ich fühlte meine Beine nicht mehr, teils wegen der Müdigkeit, teils wegen der Kälte und der Angst, die in meinen Adern floss. Ich wusste nicht, was zu tun war, damit ich nicht entdeckt wurde. Aus Richtung der Lichtquelle hörte man Stimmen, Flüche und Schüsse. Die Intensität des Schießens nahm ab. Die Schreie der Verwundeten in den Wäldern von Kameničko brdo übertönten sie. Der Lärm der Panzer- und Geländewagenmotoren wechselten sich gegenseitig ab.

Ich hielt mich versteckt, bis die Sichtbarkeit besser wurde, damit ich entscheiden konnte, wohin ich ging. Das Terrain war mir unbekannt. Daher orientierte ich mich an dem Gipfel des Berges Udrč, der mein Ziel war, um mein eigenes Leben zu retten und die Hoffnung versprach, dort meinen Bruder Hasib wiederzufinden. Gleichzeitig dachte ich an meine Familie in Potočari.

Von meinem Standort aus konnte ich Udrč nicht sehen. Den Berg, den ich mein ganzes Leben gesehen hatte und hinter dem die Sonne untergegangen war, die mein Dorf erhellt hatte! Dieser Berg war unverkennbar. Wie der Höcker eines Kamels überragte er alle anderen Berge, die man in der Gegend sah.

Ich musste aus diesem Bachtal heraus gelangen, um die Gegend besser überblicken zu können. Ich drehte mich in Richtung des unbekannten und bewaldeten Hügels. Leise und auf allen vieren krabbelte ich hinauf, ohne zu wissen, wo ich herauskommen würde. Die Nacht wich dem Tag, und minütlich wurde die Sicht besser. Ich kam voran. Ab und an hörte ich die Gewehrsalven der betrunkenen Tschetniks, die ihre Schandtaten - die Ermordung der Bosniaken - feierten. Bevor die Sonne aufging, erreichte ich einen Platz, den ich am liebsten nicht einmal mehr in meinen Träumen wiedersehen möchte.

Man konnte keinen Fuß auf die Erde setzen, ohne auf Leichen, abgerissene Körperteile und verwundete Menschen, die um den Tod flehten, zu treten. Die Schreie waren entsetzlich, dass ich nicht mehr klar denken konnte. Zwischen den hohen Buchen und Eichen konnte man keine Stelle sehen, die nicht von Leichen übersät war. An meinen Stiefeln klebten Blätter und Erde, als ob es die ganze Nacht hinweg geregnet hätte. Nur war es kein Regen, sondern Blut, das die Erde und das Laub tränkte. Ich sah noch nie etwas Entsetzlicheres, noch wünsche ich jemanden diesen Anblick. Alles erinnerte an den Weltuntergang. Ich dachte, dass ich auch tot wäre und dass meine Seele noch nicht diese Welt verlassen hätte, sondern wegen Vergehen verdammt sei, zwischen den Toten umher zu ziehen. Ich dachte, dass das Jüngste Gericht angebrochen sei, und ich warte, bis ich an die Reihe kommen würde, mich vor Gott zu verantworten.

Ich kniff mich und spürte den Schmerz. Also lebte ich! Ich spürte Müdigkeit und Schmerzen in den bleiernen Füßen, die in den Gummistiefeln steckten. An ihnen klebten blutige Blätter und Erde, über die ich getreten war, um nicht auf die Körper der Toten treten zu müssen. Ich drehte die Toten um und hoffte, jemanden zu finden, den ich kannte. Ich konnte ihre Gesichter nicht klar erkennen. Zum einen war es noch nicht vollständig hell und zum zweiten waren sie entstellt, dass nicht einmal ihre Angehörigen in der Lage gewesen wären, sie zu erkennen. In Umkreis von vielleicht einem Kilometer war der Boden überdeckt mit Leichen und Körperteilen, die ringsum verstreut waren. Tote, die direkt von den großkalibrigen Kanonen getroffen wurden. Tote, die übereinander lagen, als sie versucht hatten zu fliehen. Ich betete zu Gott, um einen klaren Verstand zu bekommen. Ich konnte den Verletzten nicht helfen und musste sie ihrem Schicksal überlassen.

Wegen ihrer schweren Wunden flehten die Lebenden um den Tod. Wie konnte ich einen Menschen von seinen Qualen erlösen und sein Leben beenden? Mit diesen Menschen teilte ich in Srebrenica nur nicht das Essen, sondern auch das gemeinsame Schicksal. Mit ihnen zusammen trat ich die Flucht an. Wie könnte ich nur? Hier lagen über tausend getötete Menschen aller Altersklassen, angefangen von den Kindern bis zu den Greisen.

Während ich weiterging, hatte ich immer noch das Gefühl, als ob ich träumen würde. Aus diesem Halbtraum rissen mich die Lampen der Tschetniks, die sich näherten. Schnellen Schrittes lief ich zu Kameničko brdo zurück. Auf dem zerstampften Pfad rannte ich so schnell ich konnte durch die ungemähte Wiese. Wieder sah ich Memo, wie er regungslos neben der Eiche lag, wo wir gesessen hatten. Ich blickte kurz zu ihm und setzte meinen Weg fort. Währenddessen betete ich wieder Verse aus dem Koran und sprach unentwegt das Glaubensbekenntnis.

Ich rannte solange, bis mich meine Kräfte verließen. Es war inzwischen der dritte Tag dieser Hölle auf Erden. Ich irrte durch unbekannte Wälder und schaute die ganze Zeit dem Tod ins Auge.

Nach etwa einem Kilometer ging es bergaufwärts. Ich atmete schwer und bemerkte nicht, dass ich mich mit der Geschwindigkeit übernommen hatte. Kurz bevor ich den Wald wieder verließ, sah ich zwei kopflose Leichen. Ihrer Kleidung nach zu urteilen waren es keine Soldaten. Ihre Hände deuteten auf ältere Personen hin. Ich verließ die

Stelle und ging schnell weiter, bis ich Stimmen hörte. Allerdings hatte ich nicht den Mut, mich aus der Deckung zu wagen und auf sie zu zugehen. Ich wusste nicht, wer die Leute waren, und die Tschetniks machten Jagd auf uns verstreute Überlebende des Massakers.

Ich verlagsamte meinen Schritt und blieb hinter ihnen. Wurden die Stimmen schwächer, legte ich einen Gang zu. Wurden sie lauter, ging ich langsamer.

Dann gelangte ich zu einer Lichtung, von wo man die Reste der verbrannten Häuser sah. Ich befand mich in einem zerstörten Dorf. Den Berg Udrč sah ich klar vor mir, als ob er nur einige Meter von mir entfernt war. Jedoch war er unendlich weit.

Ich wusste nicht, in welchem Dorf ich mich befand und hielt mich vor den Stimmen der Menschen versteckt, die nun von allen Seiten zu kommen schienen. Ich verlies den Pfad und versteckte mich im Dickicht, obwohl ich wusste, dass man mich aufgrund meiner blutigen Fußspuren leicht finden konnte. Damit man mich nicht sehen konnte, blieb ich im Dorngebüsch und unter den Brennnesseln liegen.

Wir waren überall verstreut und misstrauten einander. Daher trauten wir uns alle nicht aus der Deckung. Wir versteckten uns wie wilde Tiere, die von den Hunden und Jägern gehetzt werden, um vor die Flinte zu laufen. Die Beute waren wir, die Tschetniks unsere Jäger, die uns mit ihren Waffen jagten. Und an Waffen mangelte es ihnen nicht. Sie sparten während ihrer Jagd auch nicht an der Munition. Zusätzlich setzten sie Granaten ein, die so nahe einschlugen, dass die Erde, auf der ich lag, bebte.

In diesen Momenten holte ich wieder den Anhänger meiner Frau hervor und betete erneut um Sicherheit und Rettung all derer, die sich in Potočari befanden. Es zerfraß mich immer noch, dass ich mich nicht von meiner Mutter verabschiedet hatte, denn der Tod war mir näher als die Halsschlagader. Der Tod war näher als der weiße Kragen meines T-Shirts, das ich trug und welches mich verriet, egal, wo ich mich versteckte. Als es mir bewusst geworden war, verschmutze ich es mit Rasen und Erde.

In der Nähe von mir gingen zwei Männer vorbei. Sie unterhielten sich unverständlich, aber laut und waren dabei entspannt. Einer von ihnen hatte ein Jagdgewehr. Als sie näher kamen, erkannte ich, dass es Bosniaken waren. Dennoch traute ich mich aber nicht aus der Deckung. Ich hörte, dass einer sagte, dass das Dorf Burnice hieße und sie Richtung großes Haus gehen sollten.

Ich blieb noch einige Zeit versteckt und rührte mich nicht. In meinem Kopf fragte ich mich, was aus meinem

Bruder Hasib geworden war und ob ich ihn für immer verloren hatte.

„Allah, hilf mir", betete ich und stand auf. Ich setzte den Weg fort. Sicherheitshalber verlies ich zwar den Pfad, blieb aber in seiner Nähe. Zur Orientierung nahm ich die Stimmen der beiden Männer, die ich schwach hörte.

Der Weg steuerte auf eine Kuhle zu, wo ich Fußabdrücke erkannte. Der enge Pfad führte geradewegs auf einen Zaun, der typisch für diese Gegend Bosniens war. Ich näherte mich dem Zaun aus geflochtenen Stöcken, neben dem Leichen lagen. In ihrer Nähe waren zwei Granatenkrater zu erkennen. So waren die Menschen wahrscheinlich zu Tode gekommen. Drei von ihnen lagen im Gras, der vierte war angelehnt an den Zaun und hatte seinen Kopf zu Boden gesenkt. Seine Füße hingen in den Stöcken, als ob jemand ihn daran gehangen hätte. Die Stiefel an seinen Füßen stammten aus der humanitären Hilfe, die man in Wirklichkeit den Toten anzog, denn beim ersten Regen fielen sie auseinander. Aber selbst das war besser als barfuß zu laufen.

Ich schaffte es, den toten Jungen vom Zaun zu befreien und ihn auf das hohe Gras neben die anderen drei Toten zu legen. Sie waren dünn und schmächtig. Einer von ihnen hatte ein Gewehr und etwas Munition bei sich, das ich mitnahm. Das motivierte mich nun, meinen Weg fortzusetzen.

Mit Trauer verließ ich die bestialisch Ermordeten, für die ich nichts weiter tun konnte, außer mir die Stelle zu merken, wo sie lagen. Ich bewegte mich in Richtung des großen Hauses, von dem die vorbeigehenden Männer gesprochen hatten. Ich musste Burnice hinter mich lassen.

Ich kam zum Haus, das ich auf den ersten Blick für eine der zahlreichen Dorfschulen hielt, wie es in entlegenen Dörfern des Drinatals viele gegeben hatte. Das Gebäude entpuppte sich als das Privathaus eines wohlhabenden bosnischen Muslims. Ich verließ das Dorf mit größter Vorsicht und Erleichterung. Der Weg führte steil nach unten. Ich nahm den Pfad, den ich vor dem Dorf verlassen hatte.

Der Hunger machte sich bemerkbar. Wegen meiner Schlaflosigkeit fühlte ich mich benommen, als ob ich Drogen genommen hätte. Meine Kräfte ließen nach. Ich durfte jedoch nicht stehen bleiben, geschweige denn mich zum Schlafen hinlegen. Plötzlich hörte ich in meiner Nähe eine Stimme, die mich erschrecken ließ und mich zutiefst entsetzte. Ich blieb abrupt stehen. Mit meinem Gewehr zielte ich nach vorne, wo ich ein Wasserbecken sah, aus dem durch ein Metallrohr das langersehnte Wasser floss. Vor dem Becken lag ein Junge in einem roten Trainingsanzug und sprach während des Schlafens wirre Dinge.

Der Anblick war seltsam. Ein neuer, roter Trainingsanzug, den in Srebrenica niemand besessen hatte. Der Junge war mir suspekt. Er war nicht älter als 15. Ich wunderte mich, wie ihn die Menschen vor mir hier nicht entdeckt hatten. Vielleicht gingen sie nicht diesen Weg entlang. Falls sie diesen Weg genommen hatten, müssten sie ihn gesehen haben.

Er schlief und sprach im Traum. Ich näherte mich ihm und hörte ihn sagen: „Mama, was tun wir jetzt? Vater ist nach Tuzla gegangen. Was machen wir?"

Der Junge war Bosniake. Er schlief die ganze Zeit ruhig und ohne Unterbrechung aber sein roter Anzug ließ mir keine Ruhe. Ich schubste ihn etwas mit meiner Hand. Plötzlich sprang er auf, als ob er den Tod gesehen hätte.

„Ich bin von hier und kenne dieses Dorf. Das da unten ist Đugum, da ist die Moschee im Wald. Und da weiter rechts ist das Dorf Sandići. Siehst du? Ich bin von hier und kenne die Gegend hier."

„Ganz langsam", sagte ich. „Hab' keine Angst. Ich bin Hasan aus Srebrenica."

„Du sollst keine Angst haben", sagte er mir und lächelte dabei, als ob der Wahnsinn um uns herum gar nicht passierte.

„Fürchte dich nicht. Ich kenne das Gelände hier, und ich werde dich über die Straße führen. Nur eine Sache: Wenn wir in Mravinjci sind, schau nicht Richtung Stadion. Und wenn ich dir sage, dass wir in der Nähe der Straße sind, dann renne so schnell du kannst. Achte auf nichts Anderes!"

Das sagte er und fing an zu laufen. Während er sprach, trank ich die ganze Zeit Wasser. Davor nahm ich etwas Salz zu mir. Die Hälfte davon war bereits verschüttet. Wasser und Salz gaben mir etwas Kraft. Ich glaubte dem Jungen und war froh, nicht mehr allein zu sein.

„Wer sind deine Eltern, und wie ist dein Familienname?" fragte ich.

„Mache dir keine Sorgen, und schau nicht Richtung Stadion! Und wenn ich sage, dass wir rennen sollen, dann rennst du über die Straße so schnell du kannst. Wer weiß, wer alles in der Nähe ist."

Sein Anzug und seine verwirrende Antwort ergaben für mich keinen Sinn. Trotzdem beschloss ich ihm zu folgen, weil er ein sonderbares Vertrautheitsgefühl versprühte. Außerdem behauptete er das Gelände zu kennen. Er verriet mir nicht seinen Familiennamen. Ich fragte mich, wie er aus dem Schlaf so klar das Gespräch mit mir aufnehmen konnte.

Wir beide waren leichte Zielscheiben. Er war wegen seines roten Trainingsanzuges und ich wegen meines weißen T-Shirts schnell zu erkennen. Zumindest erfuhr ich den Namen des Dorfes und sah den mächtigen Berg Udrč vor mir, der mein nächstes Ziel war. Ich folgte dem Jungen und drehte mich währenddessen unaufhörlich nach links und rechts, um nachzuschauen, ob jemand in unserer Nähe war. Wir nahmen den Schotterweg, auf dem zertretenes Unkraut wuchs. Obwohl der Weg kurvenreich war, kamen wir ziemlich schnell voran. Die Bilder des Abschieds von meiner Frau wurden in meinem Kopf wieder lebendig. Die Erinnerung daran und der Vorstellung, mich nicht von meiner Mutter verabschiedet zu haben, brachten mich durcheinander. Ich konnte mich nicht auf meine eigene Situation konzentrieren, weil ich unentwegt an meinen Bruder Hasib dachte und mich fragte, was wohl mit ihm passiert war. Nach einem Kilometer hielten wir an.

„Wir nehmen den anderen schmalen Pfad, um nicht aufzufallen", schlug der Junge vor. Ich nickte, und mein Gewehr zeigte in seine Richtung. Ich folgte ihm, und wir kletterten auf eine Lichtung, die sich über dem Pfad befand. Schnell gelangten wir zu einem dichten Tannenwald, der die Sicht einschränkte. Unmittelbar danach kamen wir an frisch abgeknickten Zweigen vorbei, die einen Haufen bildeten, als ob sie etwas verdecken würden.

„Schau dir das nicht an! Er ist tot. Kümmere dich um dich selbst."

In der Tat lag unter den Zweigen ein junger Mann, vielleicht etwa 25 Jahre alt. Jemand hat sein Gesicht verdeckt, damit ihn die wilden Tiere nicht zerfleischten. Ich kannte ihn vom Sehen her, aber wir waren nicht befreundet. Ich wusste auch nicht, wie er hieß.

Der Junge zog mich an meiner Hand und verlangte, dass wir unseren Weg fortsetzten. Erneut ermahnte er mich, nicht in Richtung Stadion in Mravinjci zu schauen, von dem ich nicht einmal wusste, dass es überhaupt existierte.

Der Weg war abwechslungsreich. Er führte durch den Wald, dann über eine Wiese bis zu einem zertrampelten Pfad. Anschließend wieder durch ein kleines Waldstück, über einen Bach bis zu einer Ruine, unter der sich eine Wiese befand. Der Junge nahm den Weg entlang des Waldes über die Wiese. Auf der Wiese gab es Fußballtore. Neben einem der Tore lagen etwa 20 erschossene Männer. Sie lagen übereinander. Vielleicht war die Zahl der Toten noch höher, aber ich konnte es nicht gut erkennen. Obwohl der Anblick schrecklich war, war ich mittlerweile den Tod gewohnt. Mit leichten Magenkrämpfen nahm ich es hin und versuchte, den Jungen im roten Anzug einzuholen, der über die Toten schon Bescheid wusste. Wir stiegen zu einem Bach hinab, neben dem man ein kleines, aber zerstörtes Dorf erahnen konnte. Dann hielten wir an. Der Junge bereitete mich darauf vor, dass bald die Straße käme, die wir so schnell wie möglich überqueren mussten.

„Es wird alles gut werden. Achte auf nichts Anderes und denke nicht daran, stehen zu bleiben."

Er benahm sich eigenartig und gab mir immer wieder zu verstehen, dass hier etwas Schlimmes passiert seien musste. Und zwar das gleiche wie im Stadion! Er versuchte, meine Aufmerksamkeit vom schrecklichen Anblick der getöteten Zivilisten abzuwenden. Nach einigen Metern kam die Straße Zvornik-Milići, die wir schnell überqueren sollten. Vor uns offenbarte sich eine Szenerie, die so monströs war, dass meine Beine versagten. Für einen Augenblick blieb mir die Luft weg, als ob ich ersticken würde. Ich hörte kaum noch, wie der Junge immer und immerzu laut und deutlich schrie: „Renn! Renn!" Dieser Schockzustand, der durch die Gräueltat der Tschetniks verursacht worden war, ließ mich keinen Schritt mehr nach vorne setzen. Es war vor meinen Augen.

Ein Schülerstuhl stand mitten auf der Straße nach Đugum. Auf ihm saß ein massakrierter Mann, der noch lebte. Man hatte ihm einen kurzen Frauenrock angezogen. Seine Hände waren hinter seinem Rücken festgebunden. Seine Füße waren an den Stuhlbeinen gefesselt, so dass er sich nicht bewegen konnte. Er schrie unverständlich. Vielleicht flehte er um seinen Tod, aber das hätte ich nicht über das Herz bringen können, obwohl ich wusste, dass er bald in großen Qualen sterben würde. Ich ging einige Schritte, um ihn von vorne zu sehen. Vielleicht war es jemand, den ich kannte. Aber selbst, wenn es jemand gewesen wäre, den ich kannte, hätte ich ihn nicht identifizieren können. Sein Gesicht wurde in der Mitte zerschnitten, und die Wangen waren bis auf die Knochen gehäutet und mit Sicherheitsnadeln an seine Ohren befestigt. Sein Geschlechtsorgan wurde abgeschnitten. Das Blut strömte an seinem Bein hinunter, so dass sich eine Blutlache auf dem Asphalt und um das Stuhlbein herum gebildet hatte. Tausend Gedanken schossen mir durch den Kopf. Ich wollte ihm helfen, aber wie? Oder ihn wenigstens losbinden und ihn von der Straße holen? Ich stellte mir diese Fragen, obwohl ich mir bewusst war, dass ich völlig machtlos war und ich auch nicht wusste, wie ich sein Leiden hätte lindern können.

Fast verlor ich den Verstand. Mich rissen Stimmen aus meinen tiefen Gedanken, die etwas weiter von der Straße kamen. Ich rannte los, bis ich auf zwei junge, bewaffnete

Tschetniks stieß. Sie standen neben dem Lada Niva. Sie waren überrascht und schauten mich wortlos an. Sie hatten Angst, denn ich hatte ein Gewehr bei mir, das in ihre Richtung zeigte.

Plötzlich sagte einer der beiden: „Schnell, bald kommt unsere Ablösung. Seid ihr viele?"

Ich fing an, rückwärts zu gehen, ohne sie dabei aus den Augen zu verlieren. Mir schien es, als ob ich den Boden unter den Füßen verlieren würde. Ich sprang seitwärts und rollte mich in Richtung des Baches Jadar, der angeschwollen war. Mit großer Mühe überquerte ich den Fluss. Die Tschetniks schienen immer noch in Schockstarre zu sein. Sie hatten Angst, denn ich verhielt mich wie ein gejagtes Wild, das zwar in die Falle getappt war, aber immer noch wild um sich schlug. Während ich den Jadar überquerte, ließ ich sie nicht aus den Augen. Der Durst zwang mich, aus dem Fluss zu trinken. Teils aus Durst, teils aus Angst und teils aus Hunger trank ich solange, bis mein Körper keine Flüssigkeit mehr aufnehmen konnte.

Ich stieg aus dem Flussbett und kam bis zum Wald auf der anderen Seite. Bis hierhin war der Boden morastig, und ich vergaß den Mann, der unbeschreibliche Qualen litt.

Ich riss mich zusammen, denn ich wusste, dass der Tod an jeder Ecke lauerte. Verängstigt und mit benebeltem Verstand ging ich am Fluss entlang. Weil ich das Gelände nicht kannte, bog ich falsch ab, so dass ich am Stadion in Kasaba ankam, dass ich aus einiger Entfernung sah. Das Stadion war voller Menschen, die von den Tschetniks gefangen genommen wurden. Die Tschetniks schrien die Menschen an und schossen abwechselnd in die Luft und dann auf sie. Sie töteten sie vor meinen Augen. Es war der 13.07.1995 gegen 8 Uhr morgens. Die Gefangenen wurden wahrscheinlich von denjenigen hierhin gelockt, die behauptet hatten, die Gegend zu kennen und sich in die Kolonne eingereiht hatten. Sie nahmen kleinere Gruppen der Gefangenen mit und erschossen sie nun.

Ich hatte Angst. Und weil ich Gott geschworen hatte, ihnen nicht lebend in die Hände zu fallen, rannte ich den gleichen Weg wieder zurück, den ich gekommen war, ohne auf irgendetwas Rücksicht zu nehmen. Ich rannte neben dem Fluss her, dann über eine Wiese und danach durch den Wald. Dabei schlugen mir Dickicht und Zweige ins Gesicht, dass ich dachte, ich würde mein Augenlicht verlieren. Aber ich blieb nicht stehen. Als ich aus dem Wald herauskam, sah ich einen Stall. Erst dort blieb ich stehen. Ich konnte mich vor Erschöpfung nicht mehr bewegen. In meinem Körper gab es keine Kraft mehr, die mich einen weiteren Schritt vorwärtslaufen ließ. Ich musste mich ausruhen und hatte das Gefühl, dass ich das getrunkene Wasser ausgeschwitzt hatte. Ich setzte mich neben einen Misthaufen, der mir als Schutz diente.

Während ich das Glaubensbekenntnis ein weiteres Mal sprach, stand plötzlich ein Mann vor mir. Er besaß ein Gewehr, mit dem er auf mein Gesicht zielte. Leise befahl er mir aufzustehen.

„Aufstehen! Wer bist du? Hosen runter! Bist du einer von uns oder den Tschetniks?"

Obwohl ich den Mann kannte, konnte ich nicht sofort antworten. Teils weil ich außer Atem war, teils weil der Lauf seines Gewehrs auf mein Gesicht zielte. Schließlich fiel mir sein Name wieder ein.

„Sajo, ich bin es. Du kennst mich doch." Er setzte sich hin und fing an zu weinen. „Sie sind alle tot. Und bald werden sie uns auch töten."

Ich stand unter Schock und konnte kein Wort hervorbringen. Ich verstand auch nicht, was er meinte. Er klang niedergeschlagen und verzweifelt. Er schien mehr Angst zu haben als ich, und seine Gemütslage änderte sich, was mit zusammenhanglosem Gerede einherging. In einem Moment weinte er, dann wieder brach er in Gelächter aus.

Plötzlich hörte man ein Motorengeräusch, wodurch Sajo zu sich kam. Wir duckten uns und schauten auf die Straße, von der ich gekommen und die etwa 100 Meter von uns weit entfernt war.

Das war die Wacheablösung. Warum sie mich gehen gelassen hatten, weiß ich nicht. Vielleicht rettete mich das Gewehr, mit dem ich auf sie gezielt hatte. Wie auch immer. Das Fahrzeug mit den ablösenden Soldaten blieb stehen. Die anderen stiegen ins Auto und fuhren Richtung Konjević Polje.

Leise und vorsichtig verließen wir den Stall. Durch das verbrannte Haus gingen wir zu einer Kreuzung, wo wir dann rechts abbogen. Ich dachte an den Jungen, den ich verloren hatte, als ich den massakrierten Mann am Stuhl sah. Wo war der Junge? Ich bekam Gewissensbisse, denn es kam mir vor, als ob ich vor ihm geflohen war und ihn der Ungnade der Tschetniks überlassen hatte. Das Gefühl unverantwortlich gehandelt zu haben, nagte an mir. Zur gleichen Zeit dachte ich wieder an meine Familie. Ein kalter Schweiß durchbrach meine Poren. Der Durst wurde immer stärker.

Nach einigen Verirrungen und am Ende eines sehr schrecklichen und anstrengenden Tages kamen wir am Fuß des Udrč an. Wir befanden uns rechts vom Dorf Babići, das das letzte der Dörfer von Cerska war.

Ich war durstig. Meine Füße kochten in den dicken Stiefeln. Das Wasser aus dem Fluss Jadar war ebenfalls in meinen Stiefeln, aber ich dachte nicht daran, es auszuschütten. Plötzlich hörten wir Stimmen vor uns. Wir blieben in Deckung, weil wir nicht wussten, wem sie gehörten. Wir nahmen unseren Mut zusammen und spähten. Zum Glück waren es unsere Leute. Wir machten uns bemerkbar, aber niemand von ihnen schien Interesse an uns zu zeigen. Sie lagen müde auf dem Boden, ruhten sich aus und schienen mit dem Leben abgeschlossen zu haben. Sie machten lediglich die Hälfte der Gruppe aus, die vor zwei Tagen in Šušnjari war.

In der Nähe befand sich ein alter Betonmischer, der mit seiner Öffnung nach oben zeigte. Darin befand sich Wasser, aber weiße Würmer schwammen darin. Ich schob die Würmer zur Seite und tauchte meinen Kopf hinein. Das Wasser schmeckte säuerlich, aber das machte mir nichts aus. Ich trank ohne Maß. Mein Durst wurde weniger. Sajo sah, was ich tat und machte es mir nach. Überall lagen übermüdete, verletzte und ausgehungerte Menschen. Ich sah meinen Nachbar Hamed, der mit anderen Nachbarn und seinem hilflosen Sohn beisammensaß. Wortlos schauten sie auf einen imaginären Punkt und waren wie hypnotisiert. Sie zuckten nicht einmal bei Detonationen zusammen. Nicht

einmal mit den Wimpern! Ich sah auch meinen Freund Muhidin und unseren Nachbarn Nezir, der mit gebrochenen
Rippen und mithilfe seiner Söhne die Flucht angetreten
hatte. Durch die Wälder ins Ungewisse. Um uns lagen unzählige Menschen, von denen man nicht wusste, ob sie lebten oder tot waren.

Ramiz Bećirović, einer der Divisionskommandeure, war
ebenfalls verwundet. Und so erkannte ich unzählige mir bekannte und weniger bekannte schweigsame Menschen in
nackten Qualen. Kommandant Zulfo war unruhig und
sprach unverständliche Dinge. Er war einer derjenigen, der
Niederlagen nicht akzeptierte. Selbst wenn die Lage so aus-
sichtlos war wie jetzt, in der wir von 30.000 Tschetniks aus
Serbien und Bosnien gejagt wurden!

Dort, wo wir saßen, setzte plötzlich der Granatenbeschuss ein. Wir waren schutzlos, weil wir uns im offenen
Gelände befanden und kurz vor dem Aufstieg auf Udrč waren. Planlos kletterten wir bergauf. Und es war so steil, dass
ich das Gefühl hatte, dass dieser Abschnitt mir mehr abver-
langte als der Weg bis hierhin.

Der enge Waldpfad, den wir dicht gedrängt hinaufstie-
gen, war sehr steil und rutschig. Man sah, wie die Menschen
ausrutschten und den steinernen Abhang hinunterfielen.
Die Steine waren wegen der Trockenheit lose und gaben

leicht nach, wenn man auf sie trat. Ich hielt mich an Zweigen fest, um meinen müden Körper zu entlasten. Ich schaffte es, die Hälfte der Strecke zu bewältigen. Dann trat ich zur Seite und setzte mich auf einen Felsen, von wo aus sich mir ein atemberaubender Anblick Richtung Osten bot, soweit die Augen sehen konnten.

Man sah das Tal, in dem Cerska und Konjević Polje lagen. Man konnte bis nach Serbien schauen, das leicht von den Gipfeln Kvarac, Zanik und Čauš verdeckt wurde. Einige Minuten lang beobachtete ich mein Dorf Likari, während die Kugeln um mich flogen.

Plötzlich sah ich, wie einige Menschen den Rückzug antraten und Richtung Lichtung zurückgingen, von wo wir gekommen waren. Ich schloss mich ihnen an, ohne zu wissen warum. Uns kamen Menschen entgegen, die genauso planlos herumirrten und nicht wussten, wohin die Pfade führten. Die Situation glich einem Ameisenhaufen. Ich kam wieder am Ausgangspunkt an. Während der schreckliche und allgegenwärtige Durst uns die letzte Kraft raubte, kam ich erneut am Betonmischer mit seinem schlechten Wasser an.

Im Mischer war nun kein Wasser mehr. Nur noch die Würmer, die um ihr Leben kämpften, denn die Sonne tötete sie auf dem heißen Blech. Ich musste Wasser finden, sonst war es aus mit mir. Ich hätte mein Blut im Tausch für Wasser gegeben.

Wir drehten uns im Kreis. Weder die Granaten noch die Kugeln machten mir inzwischen etwas aus, denn ich war überzeugt, dass ich an der Reihe zum Sterben war. Die Tschetniks nahmen die obere Hälfte des Berges und den Wald unter Beschuss. Daher rannten die Menschen wieder zu uns runter. Entweder mussten wir schnell diesen Platz verlassen, oder das würde der letzte Tag unseres beschwerlichen Lebens werden.

Irgendwie schaffte ich es, eine Wasserquelle zu finden. Sie befand sich rechts von einer Gruppe der Überlebenden. Ich sah wie Ćamil Babić wenige Meter von der Quelle mit noch einem Mann mit seinem Taschenmesser grub. Endlich kam ich an die Reihe bei der schwachen Quelle, aus der das Wasser spärlich floss. Man hatte das Gefühl, als ob die Quelle jede Sekunde austrocknen würde. Ich trank und füllte etwas Wasser in eine zerknüllte Plastikflasche. Als ich damit fertig war, richtete ich mich auf und sah, dass neben Ćamil ein junger Mann blutüberströmt lag. Ein Märtyrer. Sie gruben ein flaches Grab, um ihn zu beerdigen. Ich brachte den Mut nicht auf, um zu fragen, wer der junge Mann war. An seinem Körper sah man den Einschuss eines Granatensplitters, woran er auch gestorben war.

Ich kehrte zur Gruppe zurück und fand meinen Nachbar Admir vor, der gerade seine Socken wechselte. Seine Füße waren in einem erbärmlichen Zustand. Die Fußsohlen waren angeschwollen und weiß vom Flusswasser, das sich nach der Überquerung von Jadar in seinen Schuhen angesammelt hatte. Ich setzte mich neben ihn und zog meine Gummistiefel ebenfalls aus. Meine Füße sahen aus wie seine. Dann drehte ich mich zu ihm und flüsterte ihm leise zu, dass es für uns schlecht aussah.

Ich sagte: „Ich habe keine Angst mehr, und ich habe auch nicht vor, mich zu verstecken. Vielleicht soll ich nicht so denken, aber so wie es aussieht, werden wir alle auf diesem Weg nach Tuzla getötet. Ich frage mich, wann ich an der Reihe bin. Einer meiner Brüder ist schon tot. Ich lege mein Schicksal in Allahs Hände und Er soll über meine Zukunft entscheiden. Ich weiß immer noch nicht, wo mein Bruder Hasib ist. Ich bete zu Gott, dass er noch lebt und es ihm gut geht." Dann fragte ich ihn: „Was ist mit deinen Brüdern?"

„Weder über den Verbleib von Enver noch von Nevres weiß ich etwas. Ich weiß nicht, wo meine Cousins sind oder wo meine Nachbarn sind."

Wir machten uns Sorgen über die gleichen Leute, die wir kannten. Das eigene Leben war uns egal. Wir ergaben uns unserem Schicksal, das Gott für uns vor unserer Geburt festgeschrieben hatte. Admir sagte nichts mehr. Er nahm seinen zerfransten Rucksack, der aus einem Fallschirm genäht wurde und griff nach dem schwarzen Roggenbrot, das inzwischen von dem Schimmelbefall blau gefärbt war.

„Iss etwas, Nachbar. Ich hoffe, wir bekommen keine Bauchschmerzen davon."

Er rief den Namen Gottes an, bevor er das Brot aß. Er zerknüllte es in seiner Hand und führte es dann in seinen Mund. Die schwarz-blauen Krümel sahen klein aus. Ich nahm auch ein Stück und bedankte mich. Dann fiel mir ein, dass ich noch Salz bei mir hatte. Wir salzten das schimmelige Brot, das uns in dem Moment wie die feinste Backware vorkam und aßen davon. Wir wurden schnell satt.

„Lass noch etwas übrig. Wir sollten nicht alles aufessen. Wir werden es brauchen. Wer weiß, wie lang der Weg durch die schroffen Gegenden vor uns noch ist."

Der Hungertod war das Schlimmste, was ich mir vorstellen konnte. Selbst der Tod durch die Gewehrkugel kam mir weniger schlimm vor als der Hungertod. Durch Hunger zu sterben, stellte ich mir schmerzhafter vor als jede Wunde.

Er legte das restliche Brot in seinen Rucksack zurück, und wir beide zogen unsere nassen Stiefel an. Saib kam auf uns zu und unterbrach unser Schweigen.

„Nachbar, kannst du meinem Vater eine Spritze gegen Schmerzen geben? Er hat starke Schmerzen."

Ich stand sofort auf und ging auf Nezir zu. Seine Rippen waren gebrochen, wodurch sein Atmen erschwert wurde. Ich nahm die Ampulle mit Pentazocin und bereitete die Spritze vor, die ich Nezir schnell injizierte, um seine Schmerzen zu lindern. Dieses starke Analgetikum konnte zwar seine Schmerzen für eine Weile lindern, aber half ihm nicht bei seinen Atemproblemen. Die Wirkung ließ auch irgendwann nach, aber wir hatten genug von diesen Spritzen. Es war jedoch riskant, die Spritze häufiger zu verabreichen. Zu den Nebenwirkungen zählten ein tiefer Schlaf und der Abfall des Blutdrucks. Aber die Schmerzen waren für ihn sonst nicht auszuhalten.

Nach Nezir injizierte ich auch Hamed und Muhidin die Spritze und sah, dass es Menschen gab, die sich selbst die Nadel ansetzten, was sie zu meiner Verwunderung ziemlich gut hinbekamen. Die Schmerzen waren zum größten Teil durch die Wunden verursacht, die sich im fortgeschrittenen Stadium befanden. Wie sollte man mit Schwerverwundeten umgehen? Wie sollte es weiter gehen? Wir wollten sie nicht liegen lassen, aber das Vorankommen mit ihnen verlangsamte sich deutlich. Wir beschlossen, sie zu tragen. Durch meinen Kopf schwirrten wieder Gedanken, ob wir es schaffen würden.

Wieder kam der Kommandeur Zulfo und redete unverständliche Worte. Er sah verärgert aus, als ob seine Hände verbunden waren und er sich aus dieser unsichtbaren Gefangenschaft zu befreien versuchte. Er lief träge durch die Menschenmenge, auf dem Weg zurück beschleunigte er aber seinen Schritt. Er stellte sich ganz bei mir in der Nähe in die Mitte hin und fragte in die Runde: „Gibt es Freiwillige, die mit mir ein Stück zurückgehen möchten? Es gibt noch Überlebende im Wald. Soeben hat mich per Funk Kommandant Ibro Duda kontaktiert. Freiwillige?"

Er hörte sich zornig an, aber am meisten war er über sich selbst und seine Ohnmacht verärgert, denn uns standen tausende Tschetniks gegenüber.

Ich stand auf und meldete mich, aber nicht ohne Eigennutz, denn ich hoffte darauf, so meinen Bruder Hasib zu wiederfinden. Es meldeten sich noch einige Freiwillige, und wir folgten Zulfo Richtung Cerska.

Wir gingen, um lebende Brüder zu retten, nicht nur der Blutlinie wegen, sondern auch weil wir durch unser gemeinsames Schicksal Leidensgenossen geworden waren. Wir errechneten uns gute Chancen aus, Überlebende zu finden, denn wir kannten die Kriegsführung der Tschetniks.

Sie griffen wie die Hyänen an und zwar immer nur dann, wenn sie sich zusammengerottet hatten. Einzeln unternahmen sie nichts. Sie waren stark, wenn ihnen die Artillerie den Rücken freihielt und wenn es darum ging, unbewaffnete Zivilisten zu töten. Als Soldaten hatten sie sich als Feiglinge erwiesen. Nun waren sie dabei, den Völkermord an den Muslimen des Drinatals zu verüben.

Wir mussten nicht lange suchen. Kurze Zeit später kam uns eine kleine Kolonne von Menschen entgegen. Hinter ihnen prasselten die Granaten ein und brachten den Tod im Gebiet zwischen Cerska und Kameničko brdo.

Am Kopf der Kolonne ging der Junge im roten Trainingsanzug voran. Seine Kleidung war sauber und gebügelt. Etwa 70 Leute folgten ihm. Ich war froh, ihn wiederzusehen, denn so befreite ich mich von dem Gefühl, ihn am Fluss Jadar im Stich gelassen zu haben. Ich war überzeugt gewesen, dass er es nicht überlebt hätte. In dieser Kolonne sah ich auch meinen Bruder Hasib, der in einem sehr schlechten Zustand war. An den Füßen trug er keine Schuhe. Ein Fuß war mit einer Wollsocke bedeckt, der andere war nackt und blutig wegen der spitzen Steine, über die er gelaufen war. Als ich ihn sah, war ich so glücklich, als ob wir bereits das freie Territorium erreicht hätten. Das gab mir Kraft, um weiterzumachen. Ich hielt ihn an und gab ihm sofort meine

Stiefel, damit er sie anziehen konnte. Unser beidseitiges Glück in dem Moment hätte keine Waage der Welt messen können.

Sie teilten uns mit, dass sie die letzten waren, und alle hinter ihnen entweder getötet oder gefangen genommen wurden. Die Ausnahme waren diejenigen, die in andere Richtungen - also nicht hier hin - unterwegs waren.

Zulfo versuchte über Funk, den Kontakt mit Ibro herzustellen. Diese Versuche blieben erfolglos, so dass wir beschlossen, in Richtung Udrč umzukehren. Am Udrč angekommen sah ich wieder den Jungen. Ich wollte ihn nicht stören, denn ich sah, wie er im Farnfeld stand, wo er eine Quelle gefunden hat, um die rituelle Gebetswaschung vorzunehmen. Ich wunderte mich, dass niemand von uns diese Quelle vorher entdeckt hatte. Es war die Zeit des Nachmittagsgebets. Er drehte sich Richtung Mekka und fing an zu beten.

Hasib erzählte mir, dass ihnen der Junge das Leben gerettet hatte. Sie konnten die Straße nur mit seiner Hilfe überqueren. Der Junge stellte sich vor die Tschetniks und dann passierte etwas Eigenartiges, denn die Tschetniks legten die Waffen nieder. So kamen sie über die Straße. Die Tschetniks schauten wortlos dabei zu. Nachdem alle die Stelle passiert hatten, schloss er sich ihnen wieder an. Es war nicht einfach zu glauben, was mir mein Bruder berichtete. Aber da ich mit dem Jungen meine eigenen Erfahrungen gemacht hatte, glaubte ich ihm. Ich bedankte mich bei Gott, dass er uns diesen Jungen geschickt hatte. Ich sprach den Gedanken laut aus: Gott hatte uns seinen Diener geschickt, um uns aus dieser Lage zu helfen. Mein Bruder schaute mich an und wiederholte selbst diese Worte, dass wir in der Tat nicht allein waren.

Als der Junge mit dem Gebet fertig war, drehte er sich zu uns um, winkte mit dem rechten Arm und ging wieder zurück Richtung Cerska. Für mich und alle anderen, die ihn sahen, war er ein „Wali" – ein Freund Gottes. Von Gott selbst geschickt, um uns zu helfen.

Kapitel 9

Die schwere Verletzung des Bruders

Ich umarmte meinen Bruder und sagte ihm: „Zieh die Stiefel aus, damit ich deine Füße verarzten kann." Während er das tat, ging ich zur Stelle, wo der Junge gebetet hatte. Tatsächlich sah ich dort eine große Wasserquelle. Ich schöpfte Wasser, um die Füße meines Bruders zu waschen. Sie waren mit Blut und Blasen überdeckt, was mir Sorgen bereitete. Dabei vergaß ich meine eigenen Füße, die ebenfalls wund waren, aber bei weitem nicht so aussahen wie seine.

Während sich Hasib vorsichtig und mit verzerrtem Gesicht seine Füße wusch, kam Fuad aus Potočari auf mich zu. „Ist Hasib barfuß und hat kein Schuhwerk?", fragte er.

„Doch Fuad, ich habe ihm meine Stiefel gegeben."

„Lass gut sein, ich habe ein Paar Ersatzschuhe, in denen er den Weg fortsetzen kann", sagte Fuad.

Er setzte sich zu uns, holte sie aus seinem Rucksack und gab sie bereitwillig meinem Bruder. Mit einem Lächeln entfernte er sich von uns und setzte sich dann neben seinen Bruder Suad. Wir bedankten uns beide bei ihm. Nachdem Hasib seine Füße gewaschen hatte, nahm er die Stiefel, damit ich die neuen Schuhe anziehen sollte. Ich umarmte

Hasib und bestand darauf: „Die neuen Schuhe wirst du anziehen und ich nehme die Stiefel. Deine Füße sind in einer viel schlimmeren Verfassung als meine."

Durch das Handeln meines Bruders und unseres Nachbarn Fuad war ich zutiefst gerührt. Sie legten ein solidarisches Verhalten an den Tag. Das war unbezahlbar, denn der Zusammenhalt war das, was wir in diesen schweren Stunden brauchten.

Bald wurde die Kolonne erneut formiert, um einen zweiten Anlauf auf den bewaldeten Udrč zu nehmen. Ich blieb in der Nähe meines Bruders und der Nachbarn, die ich kannte. Als die Sonne unterging, sollten wir den westlichen Abhang von Udrč besteigen, so dass wir das Dorf Glodi sehen konnten. Die Kolonne formierte sich langsam. Wir setzten uns in Bewegung, mussten aber zahlreichen Felsen ausweichen, die uns den Weg versperrten. Sobald wir losgegangen waren, setzte der Beschuss ein, dem ich keine Aufmerksamkeit schenkte. Ich hatte keine Angst mehr und war nur um das Leben meines Bruders besorgt. Unmittelbar hinter uns schlug eine Granate ein, die drei Menschen tötete und zahlreiche verwundete. Ich verabschiedete mich von dem Gedanken, alle Verwundeten tragen zu können. Unter uns waren nur wenige körperlich in der Lage, eine zusätzliche Last aufzunehmen. Der Weg war lang, und wir konnten ihnen nicht helfen. Deswegen blieben unsere geliebten Menschen im Wald zurück, um qualvoll zu sterben oder den Bestien in die Hände zu fallen. Wenn sie sie gefangen nahmen, dann erwarteten sie noch größere Qualen. Schlimmer als der Tod selbst.

Ein Vater bat seinen Sohn, ihn nicht weiter zu tragen, sondern ihn liegen zu lassen, damit der Sohn besser vorankommen konnte.

„Geh mein Sohn! Ich werde ohnehin nach einigen Kilometern sterben. Geh und kümmere dich nicht um mich! Wenn du mich trägst, dann verlangsamt dich das nur. Am Ende wirst du mich ohnehin liegen lassen müssen. Lass mich hier liegen! Ohne mich wird der Weg für dich leichter sein. Pass auf dich auf!"

Himmelschreiende Trauer lag in der Dunkelheit. Wir setzten unseren Weg auf dem unbekannten Gelände fort. Ungefähr auf halbem Weg über dem gewaltigen Udrč merkte ich, wie mir schlecht wurde. Ich fühlte mich eigenartig und zugleich gut gelaunt. Ich hielt an und schärfte demjenigen hinter mir ein, er solle für die Verstorbenen beten und dass er es weitergeben sollte.

Ein Mann, den wir „Drina" nannten, kam entlang. Am Fuße des Berges Udrč konnte man den Fluss Drinjača hören und seine Frische spüren.

„Hasan, dir scheint es nicht gut zu gehen. Hast du etwas von den chemischen Waffen abbekommen? Kann ich dir helfen?"

„Hilf mir", sagte ich und fiel dann zu Boden. Nachdem ich wieder zu mir gekommen war und mich aufgesetzt hatte, erkundigte sich Drina nach meinem Zustand.

Ich fragte ihn, was er mir angetan hatte und warum ich hier saß.

„Ich habe dir eine Ohrfeige verpasst. Die richtige Medizin für die Halluzinationen! Sie werden durch chemische Gifte verursacht, mit denen sie uns beschießen. Und du, mein Freund, scheinst eine Portion von dem Gift in deinen Körper aufgenommen zu haben. Deswegen waren deine Sinne benebelt. Gegenmittel ist entweder Schlaf, woran jetzt nicht zu denken ist. Oder eine ordentliche Ohrfeige. Ich gab dir das zweite."

Ich fühlte mich in der Tat besser und bedankte mich bei Drina. Ich spürte die Ohrfeige nicht, obwohl er große Pranken hatte. Gott sei Dank hatte er es getan und mir so geholfen. Erst jetzt bemerkte ich, dass sich die Menschen eigenartig benahmen. Die einen liefen weg, weil sie dachten, wir wären Feinde. Die anderen standen vor den Bäumen und fragten: „Was ist das für ein Gebäude? Was ist das für eine Stadt? Wir sind in Tuzla angekommen. Nun können wir uns ausruhen und schlafen legen. Wir sind in Sicherheit."

Es waren Szenen wie aus einem Horrorfilm. Als ich zu mir kam, sah ich meinen Bruder. Neben ihm saß Admir, was mich glücklich machte. Das gab mir zusätzliche Kraft, das Leben nicht aufzugeben. Ich hatte keine Angst mehr. Meine einzige Sorge war, diese Welt zu verlassen, ohne das Glaubensbekenntnis gesprochen zu haben.

Das Geplätscher des Flusses Drinjača wurde stärker, aber wegen des Waldes und der Dunkelheit konnte man den Fluss nicht sehen. Beim Überqueren der engen, maroden Holzbrücke kam es zum Stau. Wir sollten leise und duldsam sein, denn die Eigenschaften benötigten wir in diesen Augenblicken am meisten. Aber einige Ungeduldige hatten sich entschlossen, den kalten Fluss zu Fuß zu überqueren. Dabei machten sie Lärm, was uns in Schwierigkeiten brachte. Die meisten hatten wunde Füße. Beim Überqueren der kalten Drinjača schrien sie daher vor Schmerzen und kämpften gegen den Strom. Als sie auf der anderen Seite angelangt waren, hatten sie Mühe aus dem Flussbett wieder hoch zu klettern. Mit meinem Bruder gemeinsam überquerte ich die Brücke. Vor uns hörte man Gewehr-schüsse, die mir weit weg vorkamen. Ich spürte keine Angst und sprach das Glaubensbekenntnis. Wenn ich sterben sollte, dann wenigstens mit meinem Glauben an den Lippen.

Die Müdigkeit überkam mich. Die Erschöpfung war die Folge des Marsches durch das unbekannte bewaldete Gelände. Der Weg war so beschwerlich, dass ich heute nur Teile davon fragmentiert in Erinnerung habe. Aber ich gab nicht auf. Wegen meines Bruders und all denen, deren Leben mir etwas bedeutete. Ich wünschte mir, dass ich mich wenigstens für eine Stunde schlafen legen konnte, um Kräfte zu sammeln. Ich konnte mich kaum auf den Beinen halten und spürte den Boden unter mir fast gar nicht mehr. Aber solange ich lebte, wollte ich wegen meines Bruders nicht aufgeben.

Die Leute wurden unachtsam und apathisch, als ob jedem klar geworden war, was passieren würde. Manche gaben komplett auf, was sich negativ auf den Lebenswillen der anderen auswirkte. Irgendwann gingen wir durch ein niedergebranntes bosniakisches Dorf. Im Mondlicht eines neuen Julitages sahen wir die abgebrannten Häuser, in denen sich bereits wieder das Unkraut breit machte.

Vor uns kam ein Anstieg, den wir überwinden mussten. Dabei durften wir nicht den Schotterweg nehmen. Jemand gab das Zeichen anzuhalten. Die Gewehrschüsse wurden schwächer. Auf den Gipfeln des Udrč hört man Granaten-detonationen, von denen sich unsere Nackenhaare aufstellten.

Zum Glück konnten wir in diesem Dorf unseren Durst stillen, denn dort gab es Wasser in Fülle. Es gibt einige Quellen und Bäche, die zwischen den Abhängen des Udrč und des Dorfes Glodi fließen.

Das Plätschern von Drinjača war laut und klang so, als ob der Fluss wegen unserer Tragödie weinen würde. In ihm mischten sich das Blut der Märtyrer und die Tränen derjenigen, die ihn überquert hatten. Der Fluss trägt die Geschichten von uns allen in sich, die aus ihm tranken. Der Fluss weinte auch schon zuvor, als die Bewohner von Glodi vertrieben wurden und den umgekehrten Weg nach Cerska fliehen mussten. Und jetzt weinte er wieder! Weil die hungrigen Menschen aus Srebrenica hier entlang flohen. Der Fluss beweinte die Erkenntnis, dass er mit uns und unserem Leid ewig verbunden bleiben und wir uns nie wieder an der Schönheit und Klarheit seines kalten Wassers erfreuen würden.

Kurz vor der Morgendämmerung, als die Nacht immer noch ihre Dunkelheit über uns ausbreitet hatte, gingen wir den dornigen Anstieg hinauf. Unser Ziel war Glođansko brdo, der Berg von Glodi, wo wir uns dann versteckt halten mussten, was unmöglich war. Mein Bruder und ich schafften es auf den Berg. Neben uns befanden sich zahlreiche Nachbarn, aber eine noch größere Anzahl fehlte. Über deren Schicksal wussten wir nichts und konnten es nur erahnen. Mit uns waren Azem, Saib, Refik, Sead, Nezir und viele andere. Viele wiederum, mit denen wir aufwachsen waren und mit denen wir unsere Kindheit verbracht hatten, fehlten. Wie Muhamed, Enver, Nevres, Samir, Mevludin, Ređo, Sadik, Medo, Hamdija und viele andere. Ihr junges Leben wurde im Angriffskrieg Serbiens und durch den Verrat der einheimischen Tschetniks beendet, die versuchten, unsere Hoffnung auf eine bessere Zukunft zu töten. Wir aber liebten unsere Heimat so sehr, dass wir bereit waren das Land, das Leben und unsere Würde unbewaffnet zu verteidigen. Dieses Leben war ohnehin eine Durchreise von dem Tag unserer Geburt bis zu unserem Todestag.

In dem schwülen Wald ging der Tag langsam vorüber. Der Wald füllte sich mit Nachzüglern. Oft kam es vor, dass die Menschen zu halluzinieren anfingen und so Angst vor den eigenen Angehörigen hatten. Scheinbar waren die

Quellen vergiftet, aus denen wir das klare Wasser getrunken hatten. Es gab einige, die plötzlich wie von der Tarantel gestochen aufsprangen und ziellos umherliefen. Dabei schrien sie: „Ihr Tschetniks, mich werdet ihr nicht kriegen."

Und so verschwanden sie, weil sie keiner mehr aufhalten konnte. Linderung für diese Halluzinationen war der Schlaf, aber ich konnte kein Auge zumachen. Als wir uns später in Bewegung setzten, wurde ich schläfrig. Die Menschen schliefen beim Gehen ein. Wir bewegten uns durch ein Gelände, durch das man unter normalen Umständen niemals gehen würde. Aber der Angriffskrieg im Namen des serbischen Volkes hatte begonnen, um den Traum von Großserbien zu verwirklichen. Dieser Plan sah vor, uns zu vertreiben und zu töten. Und die Ausführung dieses Vorhabens wird später als der Völkermord an den Bosniaken in die Geschichte eingehen.

Eine beschwerliche Nacht brach an. Der anstrengende Julitag, der von Detonationen und Schüssen begleitet war, ging zu Ende. Wir hörten Gewehrsalven, die sehr laut hinter uns klangen. Etwas abgeschwächt hörten wir sie auch vor uns. Die Momente der Ruhe brachten immer die Gedanken an meinen Sohn, meine Frau, meine Mutter und an meine Schwester zurück. Wie ging es ihnen? Hatte es jemand lebend aus Potočari geschafft? Litten sie Hunger? Ich holte den Anhänger wieder heraus und starrte ihn lange an. Ich betete um deren Wohlergehen und Schutz in diesen schweren Stunden.

Saib bat mich erneut, seinem Vater die Spritze gegen die Schmerzen zu verabreichen. Trotz gebrochener Rippen meisterte er die Situation den Umständen entsprechend gut. Ich tat es unverzüglich und bereitete die Ampulle mit Pentazocin vor, um ihm die Spritze zu setzen. Aufgrund seiner Unterernährung setzte die lindernde Wirkung nicht sofort ein. Ich befürchtete, dass er einen Schwächeanfall erleiden oder andere Nebenwirkungen auftreten würden, denn seine Körperfunktionen liefen schon lange auf Sparmodus.

Sobald die Sonne untergegangen war, setzten wir den Weg fort. Wir mussten einen Abhang heruntergehen, um in Kamenica anzukommen. Zum Glück gab es keine Hinterhalte, aber seitlich hörten wir starke und anhaltende Schüsse. Wir bewegten uns langsam. Schließlich gab es Gerüchte, dass die Tschetniks uns eine Falle gestellt hatten und wir deswegen nicht vorankommen würden. Wir versuchten die Lage zu beruhigen, ohne wirklich zu wissen, was passiert war. Kurz vor Mitternacht überquerten wir die Straße, die Zvornik mit Kamenica verband. Danach wurde das Fortkommen noch beschwerlicher. Ein Schritt und wieder Stau! Dies alles, obwohl das Gelände dort flacher war.

Plötzlich bogen wir links in den Wald ab. Vor uns befand sich ein Anstieg wie eine Wand. Offensichtlich gab es keinen anderen begehbaren Weg, da die Stadt Zvornik und die Grenze mit Serbien in der Nähe waren. Der Weg führte über den Berg Velja Glava, der Kamenica und Liplja trennte. Selbst die erfahrensten und kräftigsten Bergsteiger hätten ihre Schwierigkeiten gehabt. Und ausgerechnet hierdurch mussten wir gehen, denn es gab keinen anderen Weg.

Die Kolonne wurde unterbrochen. Die Panik und Unruhe erreichten ihren Höhepunkt. Selbst die Jüngsten unter uns bekamen Angst. Schreckliche Szenen spielten sich ab. Weil die Menschen keine Kraft mehr hatten und das Gelände sehr steil war, wurden die Verwundeten ihrem Schicksal überlassen. Selbst ohne jeglichen Ballast war der Berg kaum zu überwinden. Der Boden unter unseren Füßen zerbröselte, wodurch unser Fortkommen erschwert wurde. Die Menschen krochen auf allen vieren, um die Spitze des Berges Velja Glava zu erreichen. Ein Berg, mit dem keiner von uns vertraut war. Auch nur ganz wenige von uns kannten die Umgebung.

Zusätzliche Schwierigkeiten bereiteten uns die umgefallen Bäume, deren Äste und Zweige uns den Weg versperrten. Wenn jemand ausrutschte, riss er zahlreiche Menschen mit sich nach unten. Sogar bis zu 100 Meter. Ich bemühte mich, in der Nähe meines Bruders Hasib und den Menschen zu bleiben, mit denen ich aufgewachsen war. Wir waren aufeinander angewiesen. Sich von ihnen zu entfernen, konnte lebensbedrohlich werden.

Aber auf diesem Anstieg verloren wir uns aus den Augen. Wir ruhten uns immer nur für kurze Zeit aus, bis diejenigen, die hinter uns waren, zu uns aufstießen und uns an der Kleidung fassen konnten, damit wir den Weg fortsetzen konnten. Das Warten hatte aber auch zur Folge, dass wir immer mehr den Anschluss an die Spitze der Kolonne verloren. Die Nacht war so dunkel, dass man nicht einmal mehr seine Verwandten erkennen konnte. Ich verlor meinen Bruder, als ich einmal ausgerutscht war. Eine halbe Stunde suchte ich lautlos in der Dunkelheit nach ihm, bis ich ihn wieder gefunden hatte. Er wartete auf mich. Wir schritten lautlos durch den Wald. Keiner sprach etwas, damit wir uns nicht bemerkbar machten. Trotzdem verrieten uns unsere Bewegungen, denn durch die Stille der Nacht hörte man das Knacken der Zweige und das Wegrollen der kleinen Steine, welches einen Lärm verursachte. Obwohl der Weg nur etwa zwei Kilometer lang war, brauchten wir dafür rund drei Stunden. Wir waren am Ende unserer Kräfte und auch verletzt durch die Stürze auf dem steilen Weg. Sobald das Terrain flacher wurde, wurden wir zudem unter heftigen Beschuss aus kurzer Distanz genommen.

Sie waren rund 500 Meter vor uns und warteten in einem Hinterhalt, bei dem sie uns fast auf dem Gipfel von Velja Glava lockten. Dabei ließen sie einige aus der Kolonenspitze passieren, um noch mehr Menschen töten zu können. Ununterbrochen schossen sie mindestens eine halbe Stunde auf uns. Ich setzte mich hin, als die ersten Schüsse fielen. Zu Hasib sagte ich, er solle sich hinter mich legen und sich keine Sorgen machen. Die meisten Menschen aber flohen zurück zu dem mit Mühe eingenommenen Aufstieg. Mein Bruder schien auch keine Angst zu haben, sondern saß hinter mir und rührte sich nicht von der Stelle. Das Geräusch der vorbeifliegenden Kugeln war sehr laut und verursachte eine laute Geräuschkulisse, die sich mit den Schreien der getroffenen Menschen mischte.

Unerwartet hörten die Schüsse auf, und es herrschte plötzlich eine Totenstille. Nach einiger Zeit standen wir auf und gingen in Richtung des Hinterhalts. Es dauerte nicht lange, bis wir die Toten und Schwerverletzten vorfanden, die sich zu retten versuchten. Sie baten auch nicht um Hilfe, denn sie wussten nicht, wer sich ihnen näherte. In der Stille der Nacht kämpften sie gegen ihre schweren Verletzungen an.

Wir gaben uns leise zu erkennen und boten unsere Hilfe an, obwohl wir selbst nicht wussten, wie wir helfen konnten, besonders nicht den Schwerverletzten. Diese Leute lehnten unsere Hilfe ab und sagten, wir sollen uns schnellstens von hier entfernen, damit wir nicht zur Zielscheibe würden. Einigen konnten wir wenigstens helfen, indem wir ihnen die Kleidung zerrissen und mit den Stofffetzen die Wunden verbanden. Wir bemühten uns, zumindest ein Leben zu retten. Und wieder wurde das Feuer eröffnet, aber etwas unterhalb der Stelle, wo wir uns befanden. Die Menschen gerieten erneut in Panik. Ich fasste Hasib an seine Hand, und wir rannten Velja Glava hinunter. Der Weg wurde durch den schwachen Mondschein beleuchtet.

Mein Bruder folgte mir und wir rannten, ohne uns zu ducken und achteten nicht auf die vorbeifliegenden Kugeln, die über uns flogen und die Bäume neben uns trafen. Der Weg führte uns an der rechten Seite des Kammes von Velja Glava, wo bis vor kurzem auf die Kolonne der Übermüdeten, Ausgehungerten und Schutzlosen geschossen wurde. Wir gingen wortlos an ihren Leichen vorbei, die von den Tschetniks auf monströse Weise aus dem Leben gerissen wurden. Für unsere Verfolger waren wir leichte Beute. Nachdem sie ihre Beute erlegt hatten, ließen sie sie liegen, um mit ihrem Blut, den Boden unserer Heimat zu tränken. Unser Verbrechen war es, an den einen Gott zu glauben, den wir anders nannten.

Wir gingen an mehr als fünfzig Leichen vorbei und an noch mehr Verwundeten. Als wir an der letzten Person vorbeigegangen waren, hörten die Schüsse auf, die man vom Fuße des Velja Glava hören konnte. Vor uns lag ein toter älterer Mann in einem dunklen Anzug. Er lag über einem Ast, der seinen Körper am Bauch stütze und verhinderte, dass er sich auf der blutigen bosnischen Erde ausstreckte.

Wortlos formierte sich wieder die Kolonne, die aus Überlebenden bestand. Der Pfad schien uns beschwerlicher als der Aufstieg davor, obwohl es flacher weiterging. Das Problem war die Mitte des Waldpfades. Der Regen schlug eine unregelmäßige Rinne, wodurch unsere Füße immer wieder in die Mitte des Pfades zur Rinne rutschten. Wir mussten aber mit demjenigen Schritt halten, der neben uns lief. Immerzu wiederholte ich das Glaubensbekenntnis sowie Verse aus dem Koran und ermutigte meinen Bruder dazu, es mir nachzumachen. Die Kolonne wurde schneller. Vor uns sahen wir eine Bergquelle und dahinter die Wiese.

Rechts von der Quelle lagen vier Tote, die man zur Seite gelegt hatte, damit sie nicht im Abflusswasser lagen. Wir hatten keine Flaschen dabei, um das Wasser abzufüllen, sondern drängelten uns zur Quelle vor. Von den Toten nahm keiner mehr Notiz. Wir selbst warteten nur darauf, bis wir an der Reihe waren zu sterben und der Engel des Todes unsere Seelen von unseren Körpern trennte.

Die Lage war zum Verzweifeln. Die Lichter, die man hinter dem nächsten Berg sah, gaben uns die falsche Hoffnung, dass es die Lichter der langersehnten Stadt Tuzla waren. Wir hatten unsere Orientierung verloren, um abzuschätzen, wie weit Tuzla noch war. Und es war sehr weit! Tuzla verlor seinen Zauber immer mehr. Selbst wenn wir vor der Stadt stehen würden, war die Hälfte der Menschen, die mit uns in Šušnjari diese Flucht angetreten hatten, nicht mehr unter uns. Dazu kam noch die Sorge um unsere Liebsten, die den Schutz in der UN-Basis in Potočari suchten. Sie gingen in der Hoffnung dorthin, dass die niederländischen Soldaten ihnen Schutz gewähren würden.

Wir suchten die Gegend nach möglichen Verstecken ab, um dort bis zur Nacht zu bleiben. Einige, die der Lebenswille verlassen hatte, gingen nach Jošanica und weiter nach Liplje. Die anderen wiederum beschlossen, durch hohes Gras und steile Abhänge ihr Glück zu versuchen. Das Dorf in der Nähe war auch bis auf die Grundmauer verbrannt. Auf einer Lichtung befand sich eine zerstörte Dorfmoschee, neben der das umgestürzte Minarett lag. Es gab Zeugnis über die Bewohner und ihre Identität ab. Das Minarett fiel in Richtung des Eingangs vom Moscheehof als stummer Zeuge der Ereignisse. Das zerstörte Minarett der Moschee von Jošanica überführte alle der Lüge, die behaupteten, dass das Land „serbisches Land" wäre, wo ihre Vorfahren gelebt hätten.

Es war ein kleines, verlassenes Dorf gewesen, in dem wohlhabende Bosniaken gelebt hatten, die nicht mehr da waren. Vielleicht waren einige von ihnen mit uns in dieser Todeskolonne. Das Dorf wird eines Tages hoffentlich zum Leben erweckt werden wegen des unbändigen Lebenswillens seiner Bewohner und der Liebe zu seiner Heimat.

Der Weg führte uns unterhalb des Dorfes entlang. Sobald wir links Richtung Liplje abgebogen waren, setzte ich mich zu einer größeren Gruppe müder Menschen hinzu, die dort rasteten. Hasib tat es mir gleich. Ich packte das Gewehr zur Seite und legte mich auf den feuchten Rasen. Es machte mir nichts aus, denn ich hatte keine Kraft mehr, mich zu bewegen. Als mein Kopf den Rasen berührte, schlief ich tief ein. Neben mir saßen Saib und seine Verwandten Vekaz, Refik, Sead und mein Bruder Hasib. Mir war alles egal, denn ich brauchte unbedingt Schlaf, sonst wäre ich auf meinen Beinen gestorben. Ich schlief bereits manchmal im Gehen ein und störte dabei diejenigen, die mich umgehen mussten. So schlief ich vier bis fünf Stunden, ohne mich umzudrehen. Plötzlich wachte ich auf und mir wurde wieder bewusst, in welcher Umgebung ich mich befand.

Ich wusste, dass ich auf diesem Todesmarsch von künftigen Toten umgeben war. Vielleicht würde ich auch einer von ihnen sein. Ich drehte mich um, sah aber nirgends meinen Bruder. Ich fragte mich, ob es ein Traum gewesen war, dass wir es überhaupt gemeinsam bis hierhin geschafft hatten. Saib verstand meine Gedanken und versicherte mir, dass Hasib da sei. Er komme bald zurück. Er war auf der Suche nach Flaschen, um sie für unterwegs mit Wasser nachzufüllen. Der Schlaf bekam mir so gut, dass ich mich sehr stark fühlte - sowohl körperlich als auch geistig. Es kam mir vor, als ob ich weder Schlechtes erlebt noch die ganzen Toten gesehen hätte. Ich drehte mich um und suchte nach meinem Gewehr, fand es aber nicht. Ich hielt es immer in meiner Nähe für den Fall bereit, meinem Leben ein Ende zu setzen, sollte ich in die Hände der Tschetniks fallen. Am Boden lag ein Rucksack und in ihm war eine Bombe. Aus Vorsicht und Misstrauen wollte ich ihn nicht bewegen. Alles schien wie immer, aber jeder Gegenstand hatte eine

Doppelbödigkeit. Dann tauchte mein geliebter Bruder wieder auf, für dessen Sicherheit und Überleben ich mehr Bittgebete sprach als für mich selbst.

Wir setzten uns hin und sprachen über das Überleben, für das wir mit aller Kraft kämpften. Wir hatten so starken Hunger, dass wir ihn nicht mehr spürten. Während unserer leisen Unterhaltung sagte ich zu Hasib: „Hör mal zu! Sollte ich verwundet werden und schwer verletzt liegen bleiben, so dass ich nicht ohne fremde Hilfe weitergehen kann, dann setze bitte den Weg ohne mich fort und kümmere dich nur um dich selbst!"

Ich hatte keine Ahnung, was zu tun wäre, sollte ich tatsächlich den Tschetniks in die Hände fallen. Tief im Inneren hoffte ich, dass es nicht soweit kommen würde, denn keiner von uns hatte eine Waffe. Außerdem ist es religiös verboten, sich selbst das Leben zu nehmen. Der Glaube und seine Gebote waren die einzigen Dinge, die mich noch am Leben hielten.

„Hasib, bete zu Allah, dass Er dir hilft beim Überleben. Ich habe wenigstens etwas vom Leben gesehen und erlebt. Ich habe einen Sohn, der mich in Erinnerung behalten wird und wissen wird, dass mein Tod nicht sinnlos gewesen ist. Sollte ich sterben, sei nicht traurig, sondern setze den Weg fort. Wer weiß, wie weit es noch bis Tuzla ist. Schreite einfach weiter und erzähle unserer Mutter nicht, wie wir uns abgemüht haben und wie mein Leben zu Ende ging."

Er sah mich an und erwiderte: „Ich bin mir dessen bewusst, dass wir uns in einer aussichtslosen Situation befinden und wir es nicht überleben werden, es sei denn Gott entscheidet anders. Darum bitte ich dich genauso mit mir zu verfahren, sollte mir etwas zustoßen. Aber hoffentlich werden es alle, die hier sind, bis nach Tuzla schaffen und diese Leiden und Qualen so beenden."

Ich konnte nichts sagen und schaute meinen Bruder stumm an. Ich stand auf und ging zu einem Wildapfelbaum, von dem ich einige Früchte pflückte und meinem Bruder gab. Sie waren sehr sauer und weder für ihn noch für mich waren sie genießbar. Aber die Säuerlichkeit war nicht der Grund, weshalb wir sie nicht aßen. Wir waren so hungrig, dass unser Körper einfach keine Nahrung aufnahm. Wir waren so erschöpft. In diesen Momenten hatten wir nur einander, in diesen vielleicht letzten Momenten unseres Lebens, wo wir nicht wussten, welches Schicksal auf uns wartete und mit welchen Schwierigkeiten wir noch zu rechnen hatten.

Kurz danach beschloss ich nach meinen Nachbarn zu suchen. Wir erneuerten unser Versprechen zusammenzuhalten und uns im Falle einer Verwundung gegenseitig zu helfen und doch nicht im Stich zu lassen. Anwesend waren Saib, Sead, Refik, Nezir, Admir und mein Vetter Ramiz sowie Freunde aus den Dörfern Mačeha, Trbe und Soča. Wir hielten zusammen, und diese Flucht schweißte uns zusammen.

Am Nachmittag formierte sich die Kolonne erneut. Ungefähr zwanzig junge Männer gingen voraus, um das Terrain vorher auszukundschaften. Wir folgten ihnen ohne besondere Organisation und kamen auf die asphaltierte Straße. Die Nachricht, dass das freie Territorium in der Nähe war, verbreitete sich.

Zusammen mit meinem Bruder befand ich mich in der Nähe des Sammellagers, das das erste war, das die bosnische Armee befreit hatte. Es handelte sich um die Grundschule in Liplja. Die Tschetniks hielten die Menschen auf dem Sportplatz gefangen. Es war ruhig und eigenartig, während man in Ferne hinter uns Schüsse und Detonationen hörte. Dies bedeutete, dass die Jagd auf diejenigen, die sich nicht in der Kolonne befanden, immer noch im Gange war. Jetzt befanden wir uns auf einem offenen und ungeschützten Gelände, wo wir eine leichte Zielscheibe für die Tschetniks waren, die überall lauerten.

Man musste nicht lange warten, denn nur einige Meter vor uns setzte bereits wieder das Feuer ein. Die zwanzig jungen Männer hatten es aber geschafft, eine Stelle vor den Tschetniks zu besetzen, von wo aus diese auf uns schießen wollten. Es gab dennoch ein weiteres Massaker an den etwa 6.000 Überlebenden in der Kolonne. Hätten die Tschetniks es geschafft, wäre das für uns alle das Ende unserer blutigen Flucht geworden.

Die furchtlosen und mutigen jungen Männer aus der Kolonne haben die Position bei den mittelalterlichen Gräbern auf der Anhöhe zwischen Liplja und Snagovo eingenommen. Mit Kriegsgeschrei eröffneten sie das Feuer aus den wenig verfügbaren Waffen, die sie noch hatten. Die gut ausgestatteten, ausgeruhten und satten Tschetniks ergriffen die Flucht. Obwohl es uns gelang den Feind zu schlagen, wurden einige Leute aus der Kolonne beim Feuergefecht verwundet. Dies ereignete sich auf der kleinen Brücke Richtung Snagovo.

Hier zeigten die Tschetniks, wie schwach sie waren und dass sie keinen Kampfgeist besaßen. Trotz ihrer besseren Bewaffnung gelang es den zwanzig jungen Männern, sie in die Flucht zu schlagen. Sie waren nur stark und mutig, wenn es darum ging, unbewaffnete Zivilisten, Frauen und Kinder anzugreifen. Die Kolonne setzte sich in Bewegung, und wir brüllten vor Freude. Zu unserer rechten Seite in der Nähe des Dorfes Marčići hörte man die gepanzerten Fahrzeuge wegfahren und wie sie vor uns wegfuhren. Hierhin kamen sie eigentlich, um uns alle zu töten. Unser Spähtrupp hatte zuvor eine entscheidende Information erhalten: Während sie sich Richtung Bergkamm bewegten, wo sich die mittelalterlichen Gräber befanden, belauschten sie die Tschetniks, wie sie den Befehl gaben, dass nicht einmal „ein muslimisches Küken hier lebend durchschlüpfen darf" und dass alles, was vorbeikommt, zu töten sei. Dieser von uns abgefangene Befehl war das Zeichen für die zwanzig Furchtlosen sich schnell zum Friedhof zu begeben, um dort vor den Tschetniks die Stellung zu beziehen und mit Gottes Hilfe der Kolonne das Fortbewegen zu ermöglichen. Und so kam es auch, und wir marschierten weiter.

Kurz danach sprang mich Šećan an und fasste mich an meinen Hals. Panik brach aus. Ich befreite mich aus seinem Griff und verstand, was vorging. Er stand unter dem Einfluss der Nervengifte, die die Tschetniks in die Quellen schütteten und so die Halluzinationen herbeiführten. Da die Menschen hungrig, übermüdet und unausgeschlafen waren, verstärkte dies die Wirkung des Giftes. Wir schafften es, Šećan zu beruhigen, so dass er wieder zu sich kam.

Die Schüsse wurden immer schwächer, so dass wir unseren Todesmarsch fortsetzten. Der Tod war allgegenwärtig. Es war nur die Frage, wie viele Tote wir noch sehen mussten oder ob uns jemand tot sehen würde. Mir war das mittlerweile gleichgültig. Ich sorgte mich nur noch darum, ob meine letzten Worte das Glaubensbekenntnis umfassten, falls ich diese Welt verlassen würde.

Wir passierten die Stelle am alten Friedhof, wo die kürzlich Getöteten aus dem Spähtrupp lagen. Das Gelände wurde flacher und bewaldeter. Wieder hörten wir Schüsse in unserer Nähe. Kurz vor dem Erreichen der nächsten Wiese, wodurch wir den Weg nach Snagovo abkürzten, sahen wir tote Zivilisten bäuchlings auf dem Boden. Von allen waren die Köpfe abgetrennt und nirgends zu finden. Es waren diejenigen, die das Gelände kannten, sich von der Kolonne getrennt hatten und uns vorausgingen, in der Hoffnung in der kleineren Gruppe bessere Überlebenschancen zu haben. Sie lagen nun nebeneinander aufgereiht. Wir passierten sie wortlos und gingen weiter wie Schlafwandler. Die Stille wurde durch gelegentliche Schüsse und Detonationen unterbrochen, die man im Tal und in den Bergen um Snagovo hörte.

Das Gelände wurde wieder flacher und so gingen wir durch das Dorf Snagovo hindurch. Der Weg führte uns an der Garage vorbei, wo zahlreiche Bosniaken bereits 1992 erschossen wurden. Darunter waren auch schwangere Frauen und Kinder. Gegenüber lag die zerstörte Moschee, die ähnlich wie die in Jošanica bereits von Unkraut zugewachsen war. Es war furchterregend und unheimlich auf dem Pfad zu wandeln, welcher uns zu den Tschetniks führte und wo bereits zahlreiche Bosniaken getötet, vertrieben und ausgeraubt wurden. So erging es allen Dörfern, die wir passierten.

In weiser Voraussicht entschied die Vorhut der Kolonne, die geplante Route zu verlassen und den Weg in den Wald beim Dorf Perunika zu nehmen. So tricksten wir die Tschetniks aus, die sich immer noch nicht nach der Flucht, in die wir sie geschlagen hatten, umgruppiert hatten. Sie erwarteten uns weiter südlich auf der Landstraße Zvornik-Tuzla, aber diesen Weg nahmen wir nicht.

Trotzdem fuhr ein Lada Niva auf uns zu und schoss mit dem Maschinengewehr auf uns. Zum Glück wurde nur einer verwundet, den wir „der Slowene" nannten. Er hatte mehrere Durchschusswunden an den Beinen. Er wurde mitgenommen, und die Kolonne beschleunigte den Gang, um schneller von dort wegzukommen. Nach ca. 500 Meter führte der Weg in den Wald. Dort lauerten bereits die Tschetniks auf uns, denn in der Nähe befanden sich serbische Dörfer, in denen sie lebten.

Wir schafften es, die Straße zu überqueren und Richtung Gipfel Crni Vrh bergauf zu steigen. Währenddessen achtete ich darauf, dass mein Bruder in der Nähe war und dachte an den Rest meiner Familie, die in Potočari den Tschetniks ausgeliefert waren und über dessen Schicksal man nichts wusste. Und der Plan war zu töten, zu vergewaltigen und zu vertreiben, so dass die Überlebenden unter dem Eindruck dieser Bilder nicht einmal zu träumen wagten, ins Drinatal zurückzukehren.

Ich griff wieder in die Hosentasche, um den Anhänger mit den Fingern zu fühlen, den mir meine Frau in Pećišta bei unserem Abschied gegeben hatte. Beim Aufstieg auf Crni Vrh sahen wir Kleidungsstücke derjenigen, die in den Jahren zuvor versucht hatten, sich nach Tuzla durchzuschlagen. Man sah sogar komplette Kinderbekleidung. Über deren Schicksal wissen nur diejenigen Bescheid, denen die Flucht geglückt war und der liebe Gott selbst. Viele hatten hier aber ihr Leben gelassen, und die dichten Wälder des Crni Vrh waren voll von ihren sterblichen Überresten.

Am Fuße des Crni Vrh sahen wir eine endlose Wiese, die wir überqueren mussten. Wir warteten auf die Nacht, um weiterzugehen, denn bei Tageslicht war es zu gefährlich. Wir teilten uns in kleine Gruppen auf und hielten uns tagsüber im bewaldeten Abschnitt versteckt. Es wurden bewaffnete Freiwillige gesucht, um einen Durchbruch zu wagen. Ganz vorne sollte Ejub Golić, der Kommandant des eigenständigen Bataillons Glogova stehen. Dieser organisierte Durchbruch war entscheidend für uns alle und musste unter allen Umständen unternommen werden. Selbst wenn der Preis dafür war, dass alle Teilnehmer dieser letzten Guerilla-Expedition dabei sterben würden.

Es gab nicht viele, die noch Waffen besaßen. Diese Waffen waren obendrein schlecht, denn meist handelte es sich um Kurzwaffen. Aber alle Männer mit Waffen standen auf und folgten Ejub, um sich den Festungen zu nähern, hinter denen die Tschetniks auf uns warteten, um die Überlebenden aus Srebrenica zu töten. Diese Ortschaft hieß Baljkovica. Es war der letzte Punkt, wo die Tschetniks unter Beihilfe der Freischärler ihren Genozid beenden wollten. Ihr Vorhaben war offensichtlich, obwohl bis dahin für sie nicht alles nach Plan verlief.

Der Durchbruch sollte am späten Nachmittag erfolgen, damit noch Zeit für die Freiwilligen blieb, sich zu melden und sie zu unterweisen. Wegen der Hitze und Feuchtigkeit wurden die Menschen ungeduldig. Sie hatten kein Wasser mehr. Der Wille zu Leben war gebrochen, und die Verzweiflung breitete sich aus, als ob dies der letzte Tag für uns alle war. Das hätte unser letzter Kampf sein können, und wir waren weit entfernt von den Demarkationslinien. Sie mussten durchbrochen werden, damit die Zivilisten, die mehr als 90% dieser Kolonne ausmachten, gerettet werden konnten.

Die Gruppe der Freiwilligen zählte in etwa 100 Männer, die versuchen wollten, den zahlen- und waffenmäßig besser ausgestatteten Feind zu besiegen. Dieser hatte sich zudem noch gut eingegraben und wartete mit schweren Waffen, Panzern, Haubitzen und gepanzerten Fahrzeugen auf uns. Aber wir hatten keine andere Wahl, als diesen Weg zu nehmen.

Die Kämpfe setzten gegen 15 Uhr ein. Und unmittelbar nach den ersten Schüssen hörte man aus heiterem Himmel Donner. In diesem Moment fing es an, mit einer Intensität zu hageln, die ich nie zuvor in meinem Leben erlebt hatte. Durch den dichten Hagel und die vorhandene Hitze bildete sich ein Vorhang aus Nebel, wodurch die Sichtweite nur etwa einen Meter weit betrug. Der Hagel und der Nebel halfen so unseren Kämpfern, die Linien der Tschetniks unter minimalen Verlusten in Baljkovica zu durchbrechen. Die Szenen waren surreal. Die Kämpfer näherten sich den

Schützengräben und vertrieben die verängstigten Tschetniks, die zwar bewaffnet, aber dennoch feige waren. Ihre Befestigungen waren dreistufig, die wir durchbrochen hatten. Unseren Kämpfern gelang tatsächlich der Durchbruch. Sie schlugen die Tschetniks in die Flucht, die ihr komplettes Kampfmaterial bei der Flucht vor Ort zurückließen.

Der Hagel war für uns ein Zeichen göttlicher Gnade, die wir so sehr erhofften. Wir legten all unsere Hoffnungen in Sein Eingreifen und wurden nicht enttäuscht. Es gibt weder Macht noch Stärke als bei Gott. Nach dem Durchbruch der feindlichen Linien verschwand der Nebel so plötzlich, wie er eingesetzt hatte, und der leichte Sommerregen blieb uns noch erhalten.

Unerwartet schlugen einige Granaten in unserer Nähe ein, die aber keiner beachtete. Einige Minuten nachdem wir die Granatennebelwand passiert hatten, fingen die Menschen an zu halluzinieren, zu schreien und sich eigenartig zu benehmen.

Es waren Szenen wie aus Zombiefilmen. Rechts von uns stand ein Mann allein und rief mit einer schauderhaften Stimme: „Wasser! Wasser! Gebt mir Wasser!"

Rechts von ihm saß Fahro und wollte, dass wir an einer Sitzung teilnehmen. Seine Mutter hätte Blätterteig und Saft zubereitet. Vor uns stand ein kleinerer Mann, der wie ein

Polizist pfiff, Richtung Wald zeigte und signalisierte, dass wir dahin gehen sollten.

Jemand schrie: „Lasst mich los, Tschetniks!" Dann rannte er in den Wald und entfernte sich von uns. Ich ging mit Admir und meinem Bruder in den Wald. Wir konnten nicht ahnen, was dort auf uns wartete. Zwei Tretminen explodierten unter unseren Füßen und schleuderten uns durch die Luft. Unsere Schreie und Hilferufe hallten weit. Die Tschetniks nahmen den Platz anschließend unter Beschuss. Ich riss mich zusammen und hatte das Gefühl, mich in einem Raum mit Vakuum zu befinden. Ich rief leise nach meinem Bruder, der nicht antwortete.

Ich kroch unter dem Kugelhagel hervor, der überall in dieser Dunkelheit eintraf und tastete die Körper ab, auf die ich stieß. Ich versuchte meinen Bruder oder Verletzte zu finden, um ihnen zu helfen.

Ich ging auf den ersten zu und fasste ihn an. „Lebst du noch? Kannst du dich bewegen?" Er gab kein Lebenszeichen von sich. Der zweite und der dritte ebenfalls nicht. Dann rief mich jemand nach meinem Namen und bat um Hilfe. Der Stimme nach zu urteilen, war es Admir. Ich erkannte ihn, denn ich habe ich bereits mein ganzes Leben lang gekannt. Wir sind zusammen aufgewachsen. Ich kam zu ihm und zerriss seine Hose. Mit den Stofffetzen verband ich seine Wunden an den Beinen. In der Hoffnung ihm geholfen zu haben, ließ ich ihn liegen und ging meinen Bruder suchen. Dafür kroch ich zwischen den Toten und Verletzten. Ich bewegte mich links von Admir und suchte dort, wo ich meinem Bruder zuletzt die Hand gehalten hatte.

Mit meiner Hand erfühlte ich ein Bein von jemandem und robbte mich noch näher an die Person, ohne meinen Kopf zu heben, denn die Kugeln flogen überall. Ich fragte, ob er Hilfe brauchte, bekam aber keine Antwort. Leicht tastete ich mich an seinem Bein nach oben. Zwischen der Hüfte und dem Bauche fühlte ich etwas an meiner Hand. Es fühlte sich warm und schleimig an. Wie Pudding. Ich fragte erneut: „Lebst du? Kann ich dir helfen?"

„Ja, ich lebe. Aber zieh deine Hand aus meinem Bauch weg! Es tut weh!"

Reflexartig zog ich meine Hand zurück, alles in mir erstarrte. Mir blieb die Luft weg, und ich konnte mich nicht bewegen. Das war mein Bruder Hasib. Er lebte, hatte aber eine große Wunde auf der linken Seite seines Bauches. Seine Eingeweide fielen aus seiner Bauchhöhle hinaus. Ich fand ein T-Shirt, zerriss es und verband die Wunde. Dabei stopfte ich die Eingeweide in seinen Bauch zurück, damit sie nicht komplett rausfielen. Vor lauter Sorge um meinen Bruder konnte ich mich kaum noch auf den Beinen halten und verlor langsam den Verstand. Ich fühlte, wie wahnsinnig ich wurde und wusste nicht mehr weiter. Ich war bereit, alles zu tun, um meinem Bruder das Leben zu retten.

Kapitel 10

Freiheit und Zukunft

Er war bei Bewusstsein und konnte mit mir reden. Es fiel ihm zwar schwer, aber es ging.

„Wirst du gehen können?", fragte ich. „Wenn ich mich an dich lehne, dann wird es irgendwie gehen", antwortete er. „Wenn ich schwerverletzt bin, dann lass mich liegen und gehe allein."
„Keinesfalls! Ich lasse dich nicht hier. Alles wird gut, deine Verletzung ist nicht lebensgefährlich. Das wird schon wieder, so Gott will."

Ich trug ihn einige hundert Meter und ging zurück zu Admir, den ich ebenfalls nicht im Stich lassen wollte. So trug ich die beiden abwechselnd. Bis zum Morgengrauen schaffte ich etwa einen Kilometer, bis die Ärzte eintrafen. Sie gaben alles, um die Verwundeten zu retten, obwohl ihre Möglichkeiten äußerst begrenzt waren. Fast gleich null! Es gab insgesamt 19 Verletzte durch die Tretminen.

Mein Bruder Hasib hatte von allen die schlimmsten Verletzungen. Die Situation war lebensbedrohlich, während wir uns inmitten der Wälder befanden, die wir zum ersten Mal in unserem Leben sahen. Dr. Ilijaz und die Ärztin Fatima leisten Erste Hilfe. Mir wurde zum ersten Mal die

Möglichkeit bewusst, dass mein Bruder nicht überleben würde. Abgesehen von der Wunde im Bauch war er noch am Kopf verwundet worden und hatte Durchschusswunden an den Beinen und Armen. Nachdem sie seine Wunden versorgt hatten, und Dr. Fatima ihn an den Tropf hing, kam Dr. Ilijaz Pilav zu mir und sagte: „Hasan, dein Bruder ist in einer lebensbedrohlichen Lage. Er wird vielleicht die nächsten zehn Minuten nicht überleben. Ich wünsche mir, ihm helfen zu können, aber ihn zu retten, wäre selbst mit den besten Ärzten in einem Krankenhaus unter normalen Umständen fast unmöglich. Denn seine Leber, Nieren und fast alle inneren Organe sind beschädigt. Es tut mir leid. Falls du ein Beruhigungsmittel brauchst, sag es nur. Er ist jung und stark, aber es tut mir aufrichtig leid."

Ich wollte keine Beruhigungsmittel. Ich hatte vor nichts mehr Angst, außer dass mir das alles zusetzte, als ob ich selbst nicht mehr unter den Lebenden verweilen würde. Mir blieb die Luft weg, als ob ich mich inmitten eines Brandes befinden würde, an dessen Qualm ich ersticken würde. Meine Kehle war trocken und in meinem Inneren fühlte es sich an, als ob ich eine Feuerkugel verschluckt hätte und nun alles brennen würde. Ich rechnete auf dieser Flucht, alles zu sehen, aber nicht den Tod meines Bruders, der nun mit seinen neunzehn Jahren im Sterben lag. Nur vier Tage nach dem Tod meines anderen Bruders Hajro. Ich bat Gott um Beistand und darum, dass mir der klare Verstand erhalten blieb, denn das benötigte ich in dem Moment am meisten.

Die Ärzte kämpften um jedes Leben, aber in dieser unzugänglichen Gegend weinten sie selbst bittere Tränen der Ohnmacht und der Trauer, denn sie wussten, dass sie nichts mehr tun konnten.

„Sollte dein Bruder sterben, dann verstecke seine Leiche. Wenn es die Umstände wieder erlauben, dann holen wir ihn und werden ihn würdevoll bestatten", riet mir der Arzt. „Wenn du bei ihm bleibst, setzt du dein eigenes Leben der Gefahr aus. Das ist mein Rat an dich, denn bis zum freien Territorium sind es noch ca. 20 km und du siehst selbst, wie anstrengend und beschwerlich der Weg ist."

„Aber nein, ich werde nicht aufgeben. Wegen des Versprechens, das ich meiner Mutter einige Tage vor dem Genozid gab! Wie kann ich ihr in die Augen schauen und dadurch ihr Leid noch vergrößern? Ich lasse ihn hier nicht allein unter dem Preis des eigenen Lebens, das nun auch keinen Wert mehr besitzt. Wenn ich nicht in der Lage war, ihn lebend durch diese Hölle zu retten, dann will ich zumindest seinen Körper retten."

Meine Freunde erkannten die Lage und boten an, eine improvisierte Trage zu bauen und mir zu helfen. Sead, Refik, Vekaz und Ramiz wollten mich nicht hängen lassen. Soča und Trbe bauten eine Trage. Der kleine Prsan schnitt mit dem Taschenmesser zwei Zweige ab und aus einer Plane schafften wir es, eine Trage zu bauen. Ich musste meinen Bruder nicht allein tragen, und ich ließ ihn auch nicht dort sterben. Ich trug ihn auf meinem Rücken und half ebenfalls den anderen. Ich gab mir selbst das Versprechen, ihn so lange zu tragen, wie ich nur konnte. Um Admir kümmerten sich seine Verwandten, die ebenfalls nicht daran dachten aufzugeben.

Obwohl Admir selbst schwer verwundet war, fragte er nach meinem Bruder. Unmittelbar nachdem Hasib die Infusion bekam, fing er an zu erbrechen. Es war eine grünliche Flüssigkeit, die auf eine starke innere Blutung hindeutete.

Wir setzten den Weg fort. Mit den Gebrüdern Šahmanović schafften wir es, ihn zu einer Kreuzung zu bringen. Dieser Abschnitt war steil und mit Dickicht zugewachsen. Es war auch das anstrengendste Stück bis jetzt. Wir legten eine lange Pause ein. Hasib bat mich, ihn nichts zu fragen, sondern ihm oft Wasser zu geben. Der Arzt sagte mir, ich dürfte das nicht tun, denn es könnte für ihn tödlich enden. Ich sollte ihm nur die Lippen mit Wasser benetzen. Während wir auf das Zeichen für den weiteren Abmarsch warteten, hob ich seinen Kopf in meinen Schoß, um es ihm zu erleichtern. Ich benetzte seine Lippen immer wieder mit Wasser und zwar nur so viel, bis das Gefühl der Trockenheit in seinem Mund erträglicher wurde. Er erbrach oft. Da in seinem Magen kein Essen war, erbrach er das Blut, das sich dort angesammelt hatte.

Er lag auf meinem Schoss, und ich wich nicht von seiner Seite. Meinen Schmerz und meine Trauer versteckte ich vor ihm. Die Gewehrkugeln prasselten von allen Seiten auf die Kolonne ein. Eine der Kugeln traf dabei einen Mann in die Brust. Zum Glück war die Wunde nicht tief, so dass man ihm sofort Erste Hilfe leisten konnte. Ich versperrte die Sicht meines Bruders, damit er das Elend nicht ansehen musste, das uns umgab. Ich befürchte, dass dies unsere letzten Momente waren und versuchte ihm diese nicht schlimmer zu machen, als sie ohnehin bereits waren.

Ich wusste nicht, wo Admir war, den seine Cousins mitgenommen hatten, aber ich hoffte aufrichtig, dass er es überleben würde.

Das Zeichen kam, dass wir aufbrechen sollten. Auf die Schüsse, die man noch hörte, konnte keine Rücksicht genommen werden. Wir setzten uns in Bewegung. Mein Bruder erinnerte mich an unsere Abmachung, die wir einen Tag zuvor getroffen hatten. Sollte einer von uns verletzt werden, sollte er liegen gelassen werden. Ich schwieg und brach die Vereinbarung, denn für mich war es wichtiger das einzuhalten, was ich einige Tagen davor meiner Mutter versprochen hatte. Ich achtete nicht auf seine Worte, sondern hob ihn sanft an und ging los. Die hungrigen und übermüdeten Menschen gingen an uns vorbei, schubsten uns und beachteten uns nicht. Sie beachteten weder mich noch diejenigen, die meinen Bruder mittrugen und somit ihr eigenes Leben der Gefahr aussetzten.

Kurz danach kamen wir an einer Wand an, über der sich ein Schützengraben befand. Hier lag jemand bedeckt. Die Sicht auf sein Bein war frei. An seinem Fuß sah ich eine Wollsocke. Es war Ejub Golić, der Mann, der den Durchbruch befehligt hatte. Unser Held, der Kämpfer und nun ein Märtyrer, der beim Versuch uns zu retten getötet wurde. Bevor er starb, verlangte er von seinen Mitkämpfern, nicht stehen zu bleiben, damit sie es schafften. Sie sollten niemanden von seinem Tod erzählen, bis sie alle in Sicherheit waren. Dann hauchte er seine Seele aus.

„Es ist besser, dass hundert von euch sterben, wenn dadurch das Leben der fünftausend Zivilisten gerettet wird. Deswegen, kein Stehenbleiben! Durch euren Tod sollen die anderen weiterleben."

Möge Gott sich seiner Seele erbarmen und ihm den Zutritt ins Paradies gewähren.

Kaum hörbar bat mein Bruder darum, ihn auf die Erde zu legen, damit er seinen Kopf auf meinem Schoss ablegen konnte. Ich tat es, denn ich dachte, dass er Durst hatte und ich ihm seine bereits blassen Lippen befeuchten sollte. Alles deutete auf sein baldiges Ende hin. Ich setzte mich neben ihn, und die anderen, die uns keinen Augenblick alleine ließen, machten dasselbe.

Ich hob sanft seinen Kopf in meinen Schoss und fragte ihn, ob er Durst hatte.

„Nein, mein Bruder. Ich habe weder Durst noch Schmerzen", antwortete er und schaute mir geradewegs in die Augen. „Jetzt höre mir aufmerksam zu! Es tut mir leid, deinen Sohn Haris nie wieder sehen zu können. Es tut mir leid. Ich verzeihe euch allen und bitte euch, mir auch zu verzeihen. Betet um mich. Wenn du unsere Mutter triffst, sag ihr, dass ich mich nicht gequält habe und dass ich tapfer war."

Er sagte diese Worte und schaute mir erneut in die Augen. Dann drückte er meine Hand, atmete tief ein, und seine Seele verließ seinen Körper. Die Welt blieb stehen. Ich sah nichts und niemanden um mich. Ein Sanitäter versuchte, meinen Bruder mit einer Herzmassage zu reanimieren. Ich blieb stumm, denn für einige Augenblicke konnte ich nichts sagen. Ich schaute Refik und Himzo an und sagte ihnen: „Ihr könnt gehen. Ich lasse meinen Bruder nicht hier. Ich kann das nicht. Ich kann ihn nicht den Bestien überlassen, die uns wie Hyänen jagen."

Sie blieben bei mir und dachten nicht daran, mich meinem Schicksal zu überlassen, obwohl ich es von ihnen verlangte. Ihr eigenes Leben war dadurch in Gefahr, weil sie versuchten, den toten Körper meines Bruders zu retten.

„Es sind zwar neun Stunden vergangen, seitdem wir ihn tragen, aber wir geben nicht auf", sagte Refik. Diese Worte gaben mir zusätzliche Kraft, ihn weiter zu tragen. Ich hob ihn aus der Trage und legte ihn auf die Erde, damit er wenigstens im Tod wie ein Mensch liegen konnte. Die Trage wurde neu hergerichtet. Wieder legte ich ihn wortlos hinein. Sein Körper war federleicht. Hinter uns blieb Ejub Golić, zugedeckt mit blutiger bosnischer Erde. Und ganz in seiner Nähe war noch ein weiter Held – Juso Cvrk. Nach einigen Stunden kamen wir an Admir vorbei, der in einer improvisierten Trage lag. Neben ihn legten wir den Körper meines Bruders.

Admir lag auf einem Betonklotz. Neben ihm war niemand. Die Menschen gingen an ihm vorbei, als ob sie ihn gar nicht sahen. Er drehte sich zu mir und fragte: „Wie geht es Hasib? Schläft er?"

„Warum bist du allein? Wo sind die Menschen, die dich getragen haben? Haben sie dich allein gelassen?" Mit diesen Fragen lenkte ich das Gespräch von Hasib ab.

„Nein, sie haben mich nicht allein gelassen. Sie sind gegangen, um Wasser zu holen und nach Essen zu suchen. Jemand sagte, es gäbe in der Nähe etwas zu essen. Sie kommen bald zurück."

Dann schaute er auf den bewegungslosen Körper und fragte: „Ist er gestorben?"

Ich nickte, und eine Träne kullerte meine Wange herunter. Admir drehte seinen Kopf zur anderen Seite und weinte. Dann wandte er seinen tränenreichen Blick wieder zu mir und baute mich auf: „Du musst durchhalten! Wir sind nah. Lass ihn nicht hier allein!"

Ich dachte ohnehin nicht daran. Die vorbeigehenden Menschen schlugen mir oft vor, ihn hier zu begraben, und man könne seinen Leichnam danach erneut holen. Aber ich hatte ein klares Ziel, an dem ich festhielt. Mein eigenes Leben bedeutete mir nichts mehr. Ich dachte nur an das Versprechen, das ich meiner Mutter gegeben hatte und zu erfüllen versuchte.

Ich hatte Angst, ihn hier zu lassen, wo ihn die Tschetniks finden und seinen toten Körper schänden konnten.

Ich bat Gott um Kraft, um bei meinem Bruder bleiben zu können, damit ich mit ihm das freie Territorium erreichen konnte. Dort wollte ich ihm dann ein würdiges islamisches Begräbnis geben, selbst wenn es meinen eigenen Tod bedeuten sollte. Ich wollte und konnte ihn nicht dort zurücklassen. Auf einem Gelände, das die Genozid-Mörder in ihrer Hand hielten! Erst dann wurde mir bewusst, welche militärische Macht unsere Kämpfer besiegt hatten, als sie diesen Korridor durchschlugen. Ihre Waffen waren machtlos gegen den Mut und den Glauben an Gott. An der Stelle, an der meinem Bruder die Seele ausgehaucht wurde, stand eine Haubitze. Nun kam ich an zerstörten Panzern vorbei, die erneut beweisen, dass sie uns alle in der Todeskolonne töten wollten. Aber der Mensch denkt und Gott lenkt.

Die Kugeln flogen durch die Luft. Die Kämpfe für ein sicheres Weiterkommen dauerten immer noch an. Ich bedauerte, nicht helfen zu können. Ich musste meinen Bruder tragen, und Waffen hatte ich ohnehin keine.

Ekrem kam vorbei und riet mir – wie viele davor bereits – meinen Bruder dort zu begraben, um dann bei erster Gelegenheit zurückzukehren.

„Wie weit ist es noch?" fragte ich.

„Es ist nicht weit, aber du wirst es mit ihm nicht schaffen, denn es sind Bäche zu überqueren. Wegen deiner Langsamkeit wirst du ein leichtes Ziel sein. Glaube mir, wir werden ihn zurückholen."

Es waren noch etwa 10 km, aber wir durften nicht den kürzesten Weg nehmen, weil er vermint war. Darum gingen wir entlang des Baches, wo wir darauf hofften, auf keine Tretminen zu stoßen. Es war riskant, aber wir hatten keine Wahl. Ich hob meinen Bruder zusammen mit Sead, Vekaz und Ramiz an. Wir gingen langsam über die Wiese, um zur Brücke zu gelangen, hinter der wir in den Bach steigen mussten, um unseren Weg durch das Flussbett fortzusetzen. Ich spürte keine Müdigkeit. Alles kam mir wie in Trance vor. Als ob es ein Zustand zwischen Traum und Wirklichkeit war! Die Beine meines Bruders baumelten von der Trage, aber darauf nahm niemand Rücksicht. Das einzige, was zählte, war das erste freie Dorf zu erreichen. Nezuk.

Neben der Brücke lag ein getöteter Bosniake. Technisch gesehen befand er sich bereits auf dem freien Territorium, weil der Korridor durchbrochen wurde, und wir jeden Moment auf die Soldaten der bosnischen Armee stoßen würden. Beim Getöteten handelte es sich um Džemal Bećirović. Seine Kameraden ließen ihn nicht liegen, sondern nahmen ihn mit. Auch weil sie sahen, wie ich meinen Bruder kilometerweit trug und auch nicht aufgab. Sie wollten ihn nicht liegen lassen, damit er kein zweites Mal getötet werden sollte.

Der Weg durch das Flussbett war anstrengend, aber ich bekam solche Kräfte, die ich mir selbst nicht erklären konnte. Außerdem hatte ich den unbändigen Willen nicht aufzugeben. Die Schulter, auf der ich die Trage trug, fühlte sich leicht an. Und für mich war es keine Last, sondern mein Bruder. Uns überholten Menschen, die um ihr eigenes Leben kämpften und schnellen Schrittes Richtung Freiheit eilten. Obwohl ihre Füße blutig waren, da sie ohne Schuhe liefen und sie zusätzlich hungrig und durstig waren, gingen sie so schnell, als ob sie an einem Wettrennen teilnahmen, wer schneller das Ziel erreichen würde.

Wir kletterten den Hügel hinauf, wo uns bewaffnete und uniformierte Soldaten entgegenkamen. Ich misstraute ihnen trotz der Hoheitsabzeichen, die sie trugen. Echte Soldaten, gut ausgestattet, bewaffnet mit ordentlichem und ansehnlichem Erscheinungsbild, als ob sie gerade aus ihren Häusern rausgegangen wären. Ich vernahm einen süßlichen Geruch. Sie trugen gelbe Streifen an der rechten Schulter.

Sie fragten uns, warum wir nass waren und ob wir uns durch den Bach durchgeschlagen hatten. Erstaunlicherweise hatten sie nicht den Regen und den Hagel vernommen, die unsere Rettung waren, obwohl sich das Ganze in der Nähe von ihnen abspielte. Selbst den Donner, der das Abfeuern der Panzer und Haubitzen übertönte, hörten sie dort nicht.

Die Menschen gingen mit einem Tunnelblick an mir vorbei und nahmen nichts um sich herum wahr. Sie waren müde und erschöpft. Die Soldaten boten mir nicht ihre Hilfe an. Und selbst wenn sie es getan hätten, hätte ich sie abgelehnt. Ich konnte es immer noch nicht fassen, dass es Muslime und bosnische Soldaten waren. Kurz vor der Demarkationslinie sah ich einen Toten, den ich kannte. Um ihn herum stand eine Gruppe von Menschen, die dabei waren, ihn zu tragen. Der Tote war Velid Đozić. Er wurde buchstäblich einen Schritt vor der ersehnten Sicherheit getötet. Ich fing an, ihn und alle Unschuldigen zu beweinen, die die Freiheit sahen, aber für sie unerreicht blieb.

Kurz nachdem ich das freie Territorium erreicht hatte, bot mir ein Soldat eine Zigarette an. Ich legte meinen Bruder ab, um über die abgesägten Bäume zu klettern. Meine Begleiter sollten ihn mir wieder angeben. Ich schaute wortlos den jungen uniformierten Mann an, der meine Gedanken unterbrach: „Ich habe auch Kurabiye Kekse mit, wenn ihr wollt. Meine Mutter hat sie mir gegeben, als ich zur Front gegangen bin."

Ich umarmte ihn und fing an, heftig zu weinen. Erst jetzt realisierte ich, dass ich in Freiheit war und war mir sicher, dass es unsere Soldaten waren. Ich weinte, weil ich es geschafft hatte, meinen Bruder dorthin zu tragen, um ihm ein würdiges Begräbnis nach muslimischen Riten zu gewährleisten.

Wir mussten noch weitere 2 km gehen, damit es noch sicherer wurde. Dort wartete auch das medizinische Personal auf uns. Für mich war es unwichtig, wie lange ich noch gehen musste, denn das Schlimmste hatte ich bereits überstanden.

Ich kam an einem Haus vorbei, das in unmittelbarer Nähe der Moschee stand und wo uns die Dorffrauen mit Wasser, Brot und Kaffee empfingen. Ich blieb dort mit meinem Bruder Hasib, der das erste namentlich eingetragene Opfer des Genozids wurde.

Ich legte ihn auf die Erde und deckte ihn zu. Dann setzte ich mich neben ihn und schaute sein blutdurchtränktes Gesicht an. Er war jung und unschuldig. Ich stellte mir die Frage nach dem „Warum". Trost fand ich im Gedanken, dass alles Gottes Schicksal war und Er am besten weiß, warum uns das zugestoßen war.

Ich drehte mich um und sah die bekannten sowie unbekannten Menschen, die der irdischen Hölle entkommen waren. Sie alle hatten Verletzungen und litten Hunger und Durst. Sie alle waren halbnackt, ohne Schuhe und beschämt, weil sie auf Hilfe anderer angewiesen waren.

Neben Angst und Scham wegen der zerrissenen Bekleidung wurden wir noch von dem Gefühl der Schuld umhüllt, weil wir überlebt und unsere Verwandten es nicht geschafft hatten. So verzweifelt und verloren saßen wir nebeneinander und weinten bittere Tränen. Es war ein Wechselbad der Gefühle, das durch uns floss. Man kann es nicht richtig beschreiben, es war nahe am Wahnsinn. Viele der Bewohner von Nezuk und aus den umliegenden Dörfern kümmerten sich um uns und versuchten unser Leid zu lindern. Ich holte den Anhänger meiner Frau heraus und frage mich, wo sie war und wie es dem Rest der Familie ging. Ich betete zu Gott, dass ich nicht der Einzige war, der überlebt hatte.

Ich steckte den Anhänger wieder zurück in meine zerschlissene Hosentasche, die neben meinem T-Shirt das Einzige war, was ich noch besaß. Ich drehte mich zu meinem Bruder um, streichelte seine Wangen und wischte das Blut ab. Plötzlich stand eine alte Frau vor mir. Aufgrund ihres Alters ging sie gebeugt. Sie trug die traditionelle Kleidung der bosnischen Frauen, eine Pluderhose mit einer Bluse und ein Kopftuch. So war auch meine Mutter gekleidet. Die Frau kam näher und fragte mich: „Mein Sohn, wer ist das? Ist er getötet worden? Wie kann man so einen jungen Menschen töten? Verflucht sollen sie sein!"

„Ja, Großmutter. Er ist getötet worden. Das ist mein Bruder Hasib."

Sie weinte und ging weg. Dann kam sie zurück mit Brot, einigen Datteln und warmem bosnischen Kaffee.

„Nimm das, mein Sohn. Es kommt vom Herzen. Sei geduldig und standhaft. Allah wird die künftigen Tage erträglicher machen", sprach sie und entfernte sich dann, um anderen Menschen ebenfalls Trost zu spenden und sie mit Kaffee und etwas Essen zu bewirten.

In dem Moment brachten sie den toten Velid Đozić, den sie neben meinen Bruder legten. Ich blieb allein neben ihnen stehen, während man den anderen Verletzten zu helfen versuchte. Ein Mann mit ernster Miene und mittleren Alters kam mit einem Sanitäter-Trupp. Sie fragten nach Angaben über meinen Bruder, damit er beerdigt werden konnte. Ich beantwortete ihnen die Fragen zu seinem Namen, seinem

Geburtsdatum, zu dem Namen unseres Vaters und seinen Todestag. Dann fragte ich: „Und wo wird er beerdigt?"

„In der Nähe. Neben der Moschee in Međeđa. Mach dir keine Sorgen."

Sie hoben ihn und den Leichnam von Velid auf einen Traktor. Es fiel mir schwer, mich von meinem toten Bruder zu verabschieden. Es war, als ob ich mich von einer lebenden Person verabschieden würde. Es war unser letzter Abschied, den ich nicht erleben wollte. Ich wollte nicht wahrhaben, dass meine Brüder Hajro und Hasib tot waren und ich ohne sie weiterleben musste.

Ich richtete ihm einen letzten Gruß aus. Dann schoss mir der Gedanke durch den Kopf, wie ich meiner Mutter beweisen konnte, dass ich Hasibs Körper nicht liegen gelassen hatte.

„Setz dich hin, damit wir deine Wunden versorgen können", sagte der Sanitäter, der seine Tasche neben mir ablegte, während ich dem Traktor hinterher schaute.

Ich setzte mich hin. Der Schmerz, den ich verspürte, holte mich in die Realität zurück.

„Du bist verletzt. Wir werden deine Wunde versorgen und deine Füße reinigen."

Erst jetzt begriff ich, dass ich am rechten Bein verletzt war. Das passierte, als die Tretmine explodierte und vier

Menschen tötete. Es gab viele Verletzte, einer von ihnen war auch ich. Ich spürte nicht einmal, dass ich verletzt war. Es war inzwischen meine dritte Wunde, seitdem der Angriffskrieg auf Bosnien angefangen hatte.

Sie versorgten meine Wunde und verbanden sie. Meine Füße waren eitrig, so dass ich nicht mehr auftreten konnte. Mir wurde dann erst bewusst, dass ich seit der verhängnisvollen Explosion verletzt war und barfuß ging, ohne es zu merken. Meine Fußsohlen waren mit Blasen und Eiter übersät. Da ich eine längere Ruhepause eingelegt hatte, konnte ich mich weder auf den Füßen halten noch weiterbewegen.

Einer der Ärzte, der mich versorgte, gab die Anweisung, mich nach Međaš in die Ambulanz zu bringen und dann weiter in die Klinik nach Tuzla. Mein Bein sollte amputiert werden. Wegen der vereiterten Wunde war mein Bein knieabwärts fast abgestorben.

Ich nahm das nicht ernst, denn ich spürte das Bein noch, obwohl ich mich nicht aufstützen konnte.

Sie brachten mich in den Sanitätswagen und dort sah ich Admir, der viel Blut verloren hatte und ernsthafter verletzt war als ich. Trotzdem freuten wir uns für den anderen, dass wir beide am Leben waren.

Wir fuhren schnell und ohne Licht auf einer holprigen Schotterstraße. Der Fahrer hielt oft an und machte den Motor aus. Dann hörte man die Detonationen in unserer Nähe. Die Bestien gaben nicht auf. Wir schafften es bis zur improvisierten Ambulanz, die sich in der Grundschule im Dorf Međaš befand. Diese Ambulanz wurde eigens für die Überlebenden des Todesmarsches von Srebrenica eingerichtet.

In der Ambulanz ging man nach der Triage vor. Zuerst wurden die Schwerstverletzten und dann die weniger lebensbedrohlichen Fälle behandelt. Am zweiten Tag kam eine Frau in das Krankenzimmer, um uns zu besuchen und brachte Bananen mit. Bananen sah ich drei Jahre lang nicht einmal auf einem Foto, aber ich hatte keinen Appetit. In Nezuk hatte ich die Datteln und das Brot auch nicht aufessen können. Mein Körper war so erschöpft, dass ich den Hunger nicht einmal spürte.

Die Frau verteilte alles, was sie mitgebracht hatte. Danach bot sie uns an, dass einer von uns Gast bei ihrer Familie sein konnte, wo wir uns umziehen und waschen konnten.

Uns allen war die Situation unangenehm und keiner meldete sich, bis ich – vielleicht etwas unanständig – sprach: „Ich würde gerne mitkommen, aber ich gehe nirgendswo hin ohne meinen Nachbar Admir. Wenn es so in

Ordnung ist, wären wir dankbar. Wenn nicht, bedanke ich mich trotzdem."

„Natürlich ist das in Ordnung. Mein Sohn kommt gleich und bringt euch zu uns."

Ihr Sohn Rusmir kam und brachte uns zu ihnen. Ihr Mann Ahmet Hadžić saß im Rollstuhl. Er war froh, uns helfen zu können und strotzte deswegen vor Stolz. Er hieß uns willkommen und bot uns das Abendessen an. Anschließend bot er uns Zigaretten an. Während er uns neue Kleider gab, sagte er: „Ich weiß, dass ihr nichts habt, aber mit gebotenem Respekt nehmt das an. Ich entschuldige mich dafür, falls ihr denkt, ich wolle euch erniedrigen. So ist es nicht. Ich möchte nur helfen, so gut es geht." Als er das sagte, vergoss er eine Träne über unser Schicksal. Ahmet war eine gute und bescheidene Seele, die vom Leben selbst nicht mit Samthandschuhen angefasst wurde, weil er im Rollstuhl gefesselt war.

Wir schafften es etwas zu essen. Unser Appetit nach leckerem Essen wuchs, aber etwas stimmte mit unserem Körper nicht. Es war, als ob der Magen keine Nahrung aufnehmen konnte, denn wir konnten das Gekaute nicht herunterschlucken. Wir beendeten das Abendessen schnell, und Ahmet und seine Familie löcherten uns mit Fragen. Sie wollten wissen, ob wir über den Verbleib der restlichen Familienmitglieder Bescheid wussten und ob sie lebten. Ahmet und seine Familie weinten, als wir ihnen alles erzählt hatten. Nachdem wir das Gespräch beendet hatten, bat ich sie um einen für uns wichtigen Gefallen. Ich bat darum, ob uns ihr Sohn zu dem Platz bringen konnte, wo unsere Familien sich befanden, falls sie es überhaupt geschafft hatten, Srebrenica lebend zu verlassen.

Wir betonten, dass wir ihnen unendlich dankbar wären, wenn sie uns diesen Gefallen tun könnten, denn unsere Familien zu finden, war in dem Moment unsere einzige Sorge.

„Natürlich", erwiderte Ahmet „mein Sohn Rusmir wird euch mit Vergnügen zum Flughafen Dubrave bringen, wo man alle Frauen und Kinder untergebracht hat, die über Kladanj aus Srebrenica hierhin gebracht wurden. Er wird euch dabei helfen, eure Liebsten zu finden. Am Eingang hängen die Listen mit Namen und Zeltnummer aus. Ruht euch aus, er bringt euch morgen früh dahin."

Ich bedankte mich dafür. In dem Moment bekam ich starke Bauchschmerzen, die sich wie eine Explosion in meinem Magen anfühlten. Ich entschuldigte mich, um ins Badezimmer zu gehen. Dort erbrach alles, was ich zuvor gegessen hatte, obwohl es nicht viel war. Mein Körper schien bereits die kleinste Menge an Nahrung noch nicht verkraften zu können. Mein Gesicht lief dunkel an, und ich fühlte mich so schwach, dass ich mich kaum auf den Beinen halten konnte.

Als Ahmets Frau sah, in welchem Zustand ich war, setzte sie mich auf einen Stuhl und gab mir ein Mittel, das sie für mich bereithielt und ich trinken musste. Wir bedankten uns für die herzliche Gastfreundschaft und kehrten in die Ambulanz zurück.

Am nächsten Tag ging es mir besser. Nun fühlte ich den Hunger, konnte aber nichts essen. Daher trank ich nur Wasser und Saft, was ich in der Ambulanz bekam. Ich konnte es kaum erwarten, von hier wegzugehen. In den Fluren hallten die Schreie der Verletzten, was mich noch deprimierter stimmte. Nachdem ich mich auf die Suche nach meiner Familie gemacht hatte, beschloss ich, nicht mehr hierhin zu kommen, egal, was passieren würde.

Nachdem Rusmir gekommen war, führte er uns unter dem Vorwand bei ihnen frühstücken zu gehen heraus. Das Ambulanzpersonal hätte uns sonst nicht entlassen. Admirs Wunden an den Beinen sahen immer noch schlimm aus. Meine Wunden waren kaum sichtbar, aber die eitrigen Füße hinderten mich am normalen Gehen. Die Ärzte bereiteten sich auf die Amputation meines rechten Fußes vor, weil sich die Wunde infiziert hatte.

Mit Mühe kamen wir zum Auto. Admir konnte sich auf keinem seiner Füße stützen. Nach zehn Minuten Fahrt brachte uns Rusmir zum Eingang des Flughafengeländes, wo sich uns ein fürchterlicher Anblick bot: Unzählige Frauen und Kinder irrten ziellos umher. Aufgelöst in Tränen machten sie sich Sorgen um ihre Liebsten, über deren Verbleib sie keine Informationen hatten. Am Eingang zur Flugpiste befanden sich riesige Listen, geteilt auf zwei Tafeln. Dieses Gelände beherbergte knapp 30.000 trauernde Mütter, Ehefrauen, Töchter, Schwestern und Großmütter. Man sah vereinzelte männliche Kinder und Greise, die vom Alter gekennzeichnet gebeugt liefen. Dieser Anblick beunruhigte mich. Meine Kehle schnürte sich zu, und ich erlitt einen Schwächeanfall. Mein Herz pochte, denn mir wurde bewusst, dass die Namen meiner Liebsten vielleicht nicht auf diesen Listen vorhanden waren.

Rusmir gab uns unsere Krücken, und wir gingen zu den Aushängen. Dort fanden wir zum Glück die Namen unserer Familien und erfuhren, wo sie untergebracht waren. Ich hatte gemischte Gefühle. Zum einen freute ich mich, weil ich nun wusste, dass sie lebten. Auf der anderen Seite empfand ich tiefe Trauer wegen all derer, die es nicht überlebt hatten. Ebenso hatte ich Angst vor Fragen. Ich sammelte meinen Mut zusammen, um meiner Familie die schrecklichen Nachrichten zu überbringen. Ich betete um göttlichen Beistand, diese Aufgabe zu meistern.

Während wir zu den Zelten gingen, kamen uns betagte Großmütter und aufgelöste Frauen entgegen. Sie schlossen uns ein, so dass wir nicht weitergehen konnten und löcherten uns mit Fragen: „Wisst ihr, wo mein Sohn ist? Habt ihr Idriz gesehen? Kennt ihr meinen Mehmed? Lebt Mensur noch? Gibt es Überlebende? Wo sind unsere Kinder?"

Wir hatten keine Antworten auf ihre Fragen. Der Journalist Salih Brkić, der uns willkommen hieß und uns schnelle Genesung wünschte, kam zwischen ihnen hervor. Er erklärte uns, dass wir zu den ersten Personen gehörten, die Flucht überlebt hatten und diese Flüchtlingsunterkunft hier besuchten. Dann fragte er knapp: „Gibt es viele Tote?" Admir und ich nickten und vergossen einige Tränen, was für ihn Antwort genug war. Er half uns, selbst mit Tränen kämpfend, weiter zu kommen. Die Frauen fielen in Ohnmacht, weil sie befürchteten, ihre Angehörigen nie wiederzusehen, von denen sie sich in Potočari vor acht Tagen verabschiedet hatten.

Mit dem UN-Transporter fuhren wir an das Ende der Flugpiste, wo zur rechten Seite die Zeltstadt stand, in der sich unsere Angehörigen befinden sollten. Ich hatte Angst, mich dem Zelt zu nähern, in dem die Menschen waren, die sehnlichst auf die Neuigkeiten über unseren Verbleib warteten. So sehr sie sich auch freuen würden uns zu sehen, so sehr würde ihr Herz vor Trauer auch zerspringen, weil es die anderen nicht überlebt hatten.

Ein schweres Wiedersehen stand bevor, und jedes Wort würde eines zu viel sein.

Ich ging auf meine Mutter und meine Schwester zu, die mit Tränen in den Augen schluchzten. Ich bat sie sich hinzusetzen. Sie umarmten mich kräftig, als ob es unsere letzten gemeinsamen Minuten gewesen wären. Meine Frau war in Tränen aufgelöst und brachte kein Wort heraus. Neben ihr war mein Sohn Haris. Sie verstand, dass ich der einzige Überlebende gewesen war und dass mit dem Tod meiner beiden Brüder auch ein Teil von mir gestorben war. Ich nahm meinen Sohn zu mir. An ihm konnte ich mich nicht satt sehen und dankte Gott dafür, dass ich ihn wieder in meine Arme schließen konnte. Obwohl er nichts verstand, versprach ich ihm: „Mein Sohn, du wirst nicht ohne deinen Vater aufwachsen."

Meine Mutter lehnte sich an mich und fragte: „Tun deine Beine weh, mein Sohn? Warum hast du einen Verband an den Füßen?" Sie holte kurz Luft und erzählte, man hätte ihr bereits gesagt, dass ich tot sei, was ihr das Herz zerrissen hätte.

„Ich bin nicht tot, Mutter. Du siehst mich hier lebendig. Gott sei Dank lebe ich. Der Verband ist wegen der Blasen an den Füßen, nichts Ernstes. Mach dir keine Sorgen! Von nun an wird uns keiner mehr trennen können."

Admirs Mutter setzte sich ebenfalls hin. Wir beschlossen ihnen die Wahrheit zu sagen. Die Wahrheit, die keine Mutter hören möchte und gleichzeitig die schmerzlichste irdische Erfahrung! Es gibt nichts Schlimmeres für Eltern, als den Tod des eigenen Kindes zu erfahren. Und genau das musste ich ihnen jetzt mitteilen.

„Meine Mutter … Ich wünschte, ich wäre tot, wenn dadurch Hajro und Hasib leben könnten. Aber die Tschetniks haben sie ermordet. Ich habe Hasib tot nach Nezuk gebracht und wenn ich mich erholt habe, werden wir sein Grab besuchen. Hajro wurde tief in den Wäldern umgebracht. Sein Leichnam ist dortgeblieben. Ich konnte nichts für ihn tun. Verzeih mir."

Die gleiche traurige Nachricht überbrachte Admir seiner Mutter. Beide blieben zunächst sprachlos und verloren dann das Bewusstsein. Die Sanitäter gaben ihnen starke Beruhigungsmittel und baten die Anwesenden darum, sie nicht mehr an das Leid zu erinnern. Unter freiem Himmel blieb ich bei meiner Mutter, in der Hoffnung, dass meine Anwesenheit ihre Schmerzen lindern würde. Kurze Zeit später kamen die restlichen Überlebenden an. Durch die Flugpiste schallten das Geschrei und die Wehklagen der Frauen um ihre Brüder, Söhne und Männer.

Es folgten bleierne Tage am Flughafen Dubrave bei Tuzla. Täglich trafen Nachrichten über die Toten ein. Über die Liebsten, die man erwartete, aber nicht mehr kamen.

Es war der schwerste Abschnitt meines Lebens. Mit 22 Jahren war ich das älteste männliche Mitglied der Familie Hasanović. Es war ein Genozid und ich bin dessen lebender Zeuge.

EPILOG

Während ich das schreibe, sind 25 Jahre vergangen. In meinem Dorf Likari leben nur zwei Bewohner von über hundert, die dort bei der letzten Volkszählung im Jahre 1991 gelebt hatten. Das Dorf ist mit Unkraut überwuchert. Die ältesten Grabsteine des Dorffriedhofes aus dem XV. Jahrhundert sind die stummen Zeugen der bosniakischen Existenz in dieser Gegend.

Ich habe meinen Kindern die Ereignisse wahrheitsgemäß erzählt. Ich habe sie nicht zum Hass erzogen. Aber um der hinterhältig Getöteten willen müssen sie die Wahrheit kennen. Oft gehe ich mit ihnen zur Gedenkstätte in Potočari, wo heute die im Genozid Getöteten ihre letzte Ruhe gefunden haben. Mit diesem Besuch im Tal der Märtyrer erinnern wir gemeinsam an den Horror, der unserem Volk zugestoßen ist.

Die Zahl der im Krieg und im Genozid getöteten Bosniaken in und um Srebrenica beträgt ca. 11.000 Personen. Während der dreijährigen Belagerung der Stadt haben die Tschetniks in und um Srebrenica mehr als 2.500 Menschen auf grausamste Weise getötet.

Wir wurden wegen unserer Andersartigkeit getötet. Wegen unseres Vor- und Familiennamens. Wegen der Art, wie wir Gott anbeten und wegen unserer anders aussehenden Gotteshäuser. Wegen der anderen Religion, der wir angehören. Sie haben geglaubt, uns vernichten zu können, ohne zu ahnen, dass wir wie der Samen sind. Wenn er auf fruchtbare Erde fällt, trägt er Früchte, die so zahlreich wie die Ähren der Weizen sind.

Ich will weder vergeben noch darf ich vergessen.

292